JN234932

# 入門管理会計

Introduction to Management Accounting

## 第2版

### 鳥居宏史 著
*Torii Hiroshi*

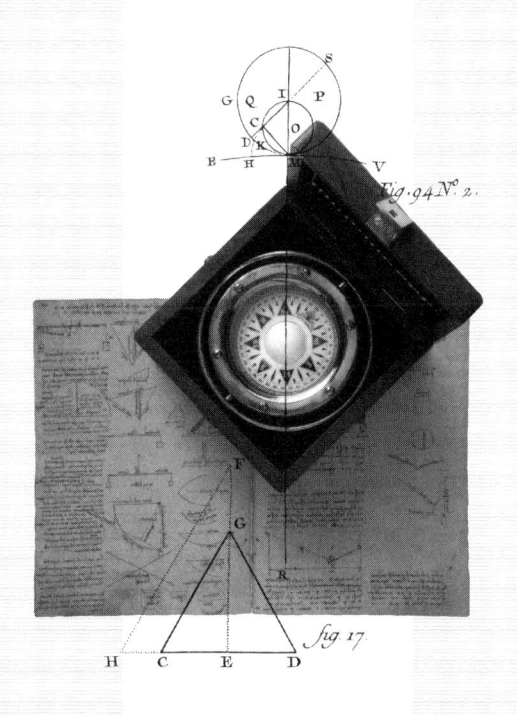

中央経済社

## 第 2 版にあたって

　本書が最初に刊行されてから 10 年以上が経過した。管理会計論の入門的テキストを意図した第 1 章から第 5 章までの本文自体の内容からすれば，10 年ぐらいは改訂なしですませることを目標としていた。その意味では，現在でも充分利用可能であると思っている。しかしながら，財務会計の領域で，いわゆる会計ビッグバンを契機として大きな変化があり，とくに，2006 年の会社法の施行により，日本の財務諸表の体系が変更になったため，本書の第 2 章の財務諸表分析の記述には大幅な改訂が必要になった。昨今は，国際会計基準の導入の動きもあるが，本書の性格からして，毎年のように変化する財務会計の内容を完全に網羅する必要はないであろうとの判断から，今回は，第 2 章の改訂をメインとすることにとどめた。

　2011 年 1 月

鳥　居　宏　史

# はじめに

　管理会計は，企業内部の経営管理者に有用な情報を提供する技法および理論として，アメリカ経済の繁栄とともに発展を続けてきた。しかし，1980年代後半のアメリカ経済の衰退を契機に，1987年の『レレバンス・ロスト』の警鐘などで管理会計の再構築の必要性が説かれた。この後に，米国の経済が復興し，日本の経済が逆にバブル崩壊後の痛手から立ち直れないでいる。管理会計はいま経営環境の激変のなかで，内容が大きく変化しようとしている。

　本書は，経営管理者がその基本的職能を果たしていくに際し，どのような会計情報を利用すれば有用であろうかに焦点をあてた。もっとも，管理会計が経営管理に万能であるとは思っていない。しかし，ひとつの有力な情報となるべきであると信じてはいる。

　本書は，筆者自身の10余年にわたる大学での講義内容を整理し収録したものである。筆者は，明治学院大学に奉職してから，原価計算論，管理会計論などの講義を担当してきた。講義でのテキストとしては，岡本清編著『管理会計の基礎知識』(中央経済社)あるいは佐藤精一著『管理会計入門』(中央経済社)を提示し，岡本清著『原価計算』(国元書房)の最新版を参考書として指示することが多かった。しかし，基本的には，筆者自身のノートにもとづくレジメをテキストとしてきた。本書は，現時点での筆者の集大成である。

　本書の読者層としては，簿記をある程度理解しているが，管理会計を初めて学ぶ大学生あるいはビジネスマンを想定している。管理会計は机上の学問ではない。実務に役立ってこそ意味がある。むしろ，実務を全く知らない学生よりも，現実のビジネス社会で活躍している人の方が，管理会計を理解しやすいかもしれない。それは，いくつかの企業内研修会で講義を担当してみて筆者が感じたところである。大学生には近い将来，ビジネス社会に入っていったとき，大学での管理会計の講義を思い出してくれれば幸いと思っている。

　本書の記述は，できるだけわかりやすく，やさしくしたつもりである。ま

た，章ごとにキーワードと要約を記載し，本文の分量をコンパクトにした。

本書はその構成から次のような特徴をもっている。

まず序章で，管理会計を財務会計との違いから認識する。管理会計を財務会計と区別して，その存在理由を強調する必要は今日ではないかもしれない。第1章と区別して序章を設けたのは，財務会計の知識がほとんどない読者層を想定したからである。複式簿記のルールに従って継続的に記録計算した結果である会計情報の内容が，利用者により異なっていることを強調したかったのである。

第1章では，経営管理者が会計情報をどのように利用できるのかの概要をながめる。その上で，経営管理者の役割を問題発見，問題解決，経営計画，経営統制と位置づけ，それぞれの役割を果たしていくのに有用な典型的会計情報を第2章から第5章で取り上げる。第2章は財務会計と管理会計の境界領域である。本書の読者層を初級簿記を既習した者と想定したため，境界領域と言っても，複式簿記の手続きの結果作成される財務諸表の見方を取りあげて，問題発見のための管理会計というタイトルにした。問題が発見されたならば，それを解決することになるという意味で，第2章と第3章は密接に関連する。同様に，第4章と第5章も密接に関連する。すなわち，経営計画にもとづき業務執行状態を指揮し業績評価するのが経営統制である。このため，第4章の例題数値と第5章の例題数値はできるだけ関連させた。

各章では，現在の管理会計の通説であると思われるところを示した。ゆえに，第1章から第5章の本文の内容から言えば，本書は管理会計論の入門的テキストである。管理会計をより深く勉強したい人は，是非とも各章の注にも目をとおされたい。また，章ごとに練習問題を設けた。練習問題は，本文の内容を理解すれば解けるはずである（本書の例題や練習問題は，筆者が大学等での講義中に小テストとして学生諸君に解いてもらったり，定期試験に過去出題したものである）。その後に設けた研究問題は，本文の内容を超えていると思われる。ヒントを付した問題もあるので，読者が自ら考え探究していくときに参考にしていただければ幸いである。

なお，第6章は，激動の時代にある現代の管理会計の課題（特殊研究）を取

りあげた。『レレバンス・ロスト』によれば，現代の管理会計の技法の大枠は，管理会計が成立した1920年代と大きく変わっていないという。筆者としては，（近い）将来，現在の管理会計の技法や理論が大きく変わるとは思っていないが，管理会計が発展を続けていくためには，常に課題に取り組む必要性がある。そのための問題提起の章と考えていただきたい。筆者としては，これらの課題のいくつかを，管理会計の体系のなかで説明できるようにしたいと思っている。

　管理会計を適切に再構築したいというのが，本書の本来の目的である。しかし，筆者の研究不足により，まだ管理会計全体の体系化ができないでいる。本書の内容が管理会計論の内容として不充分であること，それはひとえに筆者自身の怠慢によるものであることも承知している。今後の課題とすることで，ご容赦願いたい。

　本書は多数の人々の指導や助言に負うところが多い。そのすべてを記すことはできないが，とりわけ，大学院入学以来賜っている恩師岡本清先生には，捧げるべき感謝の言葉もない。本書の元々の種本は同教授よりお借りして講義を担当した某企業研修所でのレジュメである。もちろん，名著『原価計算』は1973年の初版から1994年の五訂版まで参照させていただいた。これまでの先生の御指導には感謝の至りである。今後の御鞭撻をお願いするとともに，筆者自身の今後の一層の努力を誓う次第である。

　本書の出版に際しては，中央経済社代表取締役社長山本時男氏や編集部の方々にお世話になった。特に，出版の自信がなくためらっていた筆者に，本書執筆のきっかけを与えてくださった鈴木ひかる氏には，原稿提出の遅れをお詫びするとともに，あらためてお礼を申し上げたい。

　最後に私事になるが，昨年9月に他界した父史郎，それを見守った母房子，人生のパートナーである妻結子および愚息孟史と侑史に，本書を贈る。

1997年10月

鳥　居　宏　史

# 目　　次

はじめに

## 序章　管理会計の定義と現状 ─────── 1

第1節　管理会計の定義 ……………………………………………1
第2節　財務会計と管理会計 ………………………………………2

## 第1章　会計情報と経営管理者の役割 ─── 9

第1節　企業活動と会計情報 ……………………………………10
第2節　経営管理者の役割 ………………………………………12
第3節　会計部門の役割 …………………………………………18

## 第2章　問題発見のための管理会計 ─── 23

第1節　財務諸表分析の意義と財務諸表の構造 ………………24
第2節　収益性分析 ………………………………………………27
　(1)　資本利益率／27
　(2)　資本利益率の展開と経営活動の収益性分析／28
　(3)　経営資本利益率の再分析／29
　(4)　配当関連内容の分析／32
第3節　安全性分析 ………………………………………………32
　(1)　短期財務安全性／32
　(2)　長期財務安全性／33

第4節　総合的判断 …………………………………………………34
　第5節　財務諸表分析の限界 ………………………………………35

## 第3章　問題解決のための管理会計 ―― 43

　第1節　問題解決のプロセス ………………………………………44
　第2節　経営意思決定の特徴 ………………………………………46
　　(1)　現金主義会計／46
　　(2)　時間価値概念と割引計算／47
　第3節　長期経営意思決定――DCF法による収益性の測定 ……52
　　(1)　資本コスト／52
　　(2)　キャッシュ・フローの予測／53
　　(3)　正味現在価値法／54
　　(4)　内部利益率法／56
　　(5)　意思決定モデルの比較と経営管理者の判断／58
　第4節　短期経営意思決定 …………………………………………61

## 第4章　短期経営計画のための管理会計 ―― 71

　第1節　大綱的利益計画 ……………………………………………72
　　(1)　短期経営計画／72
　　(2)　CVP分析／72
　　(3)　損益分岐分析／74
　　(4)　多品種製品の限界利益図／77
　　(5)　最適セールス・ミックスの決定／79
　　(6)　原価分解の諸方法／83
　　(7)　直接原価計算／88

## 第2節　予算編成 …………………………………………………89

(1) 利益計画と予算の関係／89

(2) 予算の体系／90

(3) 予算編成プロセス／91

## 第3節　業務予算 ……………………………………………………92

(1) 売上高予算／92

(2) 製造量予算／93

(3) 製造原価予算／94

(4) 営業費予算／99

(5) 見積損益計算書／99

## 第4節　財務予算 ……………………………………………………100

(1) 資金計画／100

(2) 見積貸借対照表／100

# 第5章　短期経営統制のための管理会計 ——— 111

## 第1節　業績測定 ……………………………………………………112

(1) 短期経営統制／112

(2) 責任会計／112

(3) 統制可能性／113

## 第2節　原価統制 ……………………………………………………115

(1) 標準原価計算の誕生と発展／115

(2) 標準原価計算の手続き／115

(3) 直接材料費の差異分析／116

(4) 直接労務費の差異分析／119

(5) 変動製造間接費の差異分析／122

## 第3節　利益統制 ……………………………………………………125

(1) 直接標準原価計算／125

　　　(2) 販売価格差異と販売量差異／126

## 第6章　管理会計の発展と課題 ———— 137

　第1節　レレバンス・ロスト …………………………138

　第2節　管理会計の新たなる展開 ………………140

　　　(1) 多元的利益目標への対応／140

　　　(2) Ａ　Ｂ　Ｃ／142

　　　(3) 原 価 企 画／145

　　　(4) 組織化のための管理会計情報／146

　　　(5) 管理会計の国際化／149

　第3節　管理会計と経営管理者の判断 …………152

〔練習問題解答と解説〕………………………………161

〔参考文献一覧〕………………………………………167

あとがき（ひとりごと）………………………………171

和文索引 ………………………………………………173

英文索引 ………………………………………………177

# 序章
# 管理会計の定義と現状

## 第1節　管理会計の定義

　管理会計は，第1次世界大戦後のアメリカにおいて誕生し[1]，近代企業の成立によるアメリカ経済の繁栄とともに発展を続けてきた。

　まず，管理会計（managerial accounting/management accounting）を定義する。ここではとりあえず，先人達による定義をいくつか検討することにより，本書での管理会計の領域を明らかにしてみよう。

　1966年に発表された，アメリカ会計学会（American Accounting Association: AAA）の基礎的会計理論報告書（A Statement of Basic Accounting Theory: ASOBAT）では，次のように管理会計を定義している。

　「管理会計とは，一主体の実際および予定の経済的データを処理するにあたって，経営管理者が合理的な経済的目的のための目標を設定し，この目的を達成しようとして理に適った意思決定をできるように支援するために，適切な技術と概念を適用することである」[2]

　ここで，主体（entity）とは，私企業，公企業含めて，広い意味で企業をさすと考えてよい（家計や政府といった経済主体を含めることも可能である）。この定義は，管理会計を会計の一領域として確立したという意味で，画期的であった。というのは，それまでの会計は，複式簿記を前提とする記録計算としてとらえられていたため[3]，管理会計を含めて会計を定義しない傾向があったからである。ASOBATでは，会計を「情報利用者が事情に精通して判断や意

思決定を行うことができるように，経済的情報を識別し，測定し，伝達するプロセス」と定義したのである[4]。これは，情報利用者の違いを強調する管理会計の領域の存在を意識した定義であり，しかも複式簿記にとらわれない広範囲の情報を対象としたものであった。

アメリカの代表的な管理会計学者であるホーングレン（Horngren, C. T.）教授は，その著書のなかで管理会計を次のように定義している（Horngren et al. 2008, p. 5）。

「管理会計とは，経営管理者が企業の諸目的を達成することができるような情報を認識し，測定し，累積し，分析し，作成し，解釈し，そして伝達する手続きである」

以上から，管理会計を定義する際のキーワードとして，企業，経営管理者，会計情報をあげることができる。すなわち，対象となる組織は広い意味での企業であり，その企業を取り巻く利害関係者集団のひとつとして経営管理者をとらえ，その経営管理者が職能を果たしていく際に必要な情報を取り扱う会計として，管理会計の領域と考えようとするのである[5]。

## 第2節　財務会計と管理会計

企業に関する会計（企業会計）は，情報利用者の違いから，財務会計（financial accounting）と管理会計に大別できる。企業を取り巻く利害関係者集団には，投資家（典型的には株主），債権者，税務当局，経営管理者などがある。投資家，債権者，税務当局などの企業外部の利害関係者に経済的情報を提供する会計が財務会計であり，内部の経営管理者に経済的情報を提供する会計が管理会計である。これは，情報利用者の目的による分類とも言える。すなわち，投資家，債権者等の外部利害関係者間の調整をはかるための会計が財務会計であり，経営管理者が経営管理職能を果たしていく際に必要とする情報を提供するための会計が管理会計である。

財務会計も管理会計も会計情報を取り扱う点では共通している。ゆえに，共

通する会計情報もある。しかし，財務会計では，異なる目的をもつ関係者集団の利害調整をはかる必要がある。外部の利害関係者といっても，必要とする会計情報には相違がある。企業にとっては同じく資金調達先である投資家と債権者でもそうである。企業に資金を出資した投資家は，企業活動の結果生じた利益の一部を配当金という形で受け取る。ゆえに，投資家は，企業全体の利益および配当金計算の適切性に興味をもっている[6]。将来，当該企業の投資家になろうと考えている者も，同様の興味をもっているはずである。企業に資金を融資した債権者（典型的には金融機関）は，その報酬として利息を受け取る。債権者は，利息を確実に受け取ることはもちろん，期限が到来すれば回収する元金の安全性，担保物件の有無とその評価額にも興味をもっている。投資家と債権者を取り上げても，必要とする会計情報が異なるのである。ましてや，税務

図0-1　企業を取り巻く主な利害関係者集団

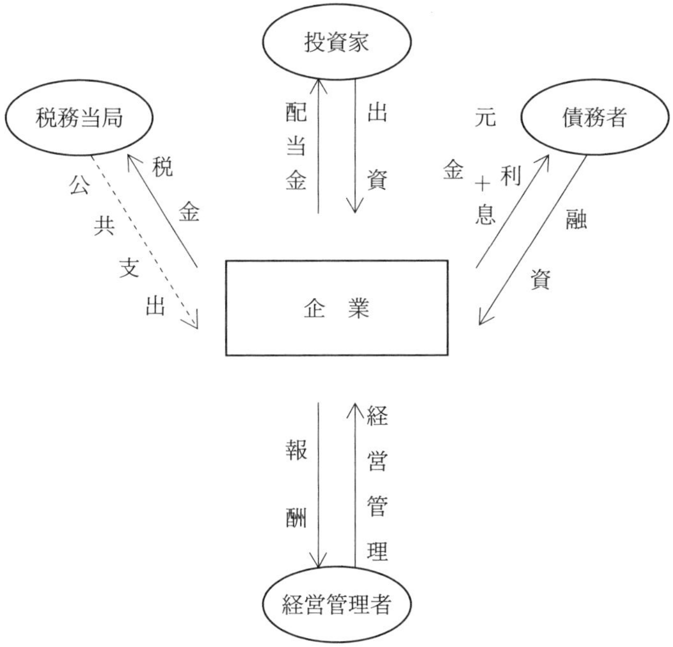

当局にとって必要な会計情報は，さらに異なる。社会への公共支出のために徴収する，税法上の課税計算が適正であるかどうかに興味をもっているからである。このため，外部の利害関係者への報告のための会計情報は調整が必要になる。公共的および法的な性質をもつ「一般に認められた会計原則」や諸法律による規制的な会計情報を取り扱うことにある。通常は，企業全体の客観的で検証可能な過去情報を定期的に報告することに限定される。

これに対し，内部の利害関係者である経営管理者に対しては，利害調整というよりもむしろ道具としての会計情報の機能が重視される（階層により利害対立することはありうる）。企業活動に精通している経営管理者にとっては，経営管理用具としての有用性が重要であり，管理会計では，私的あるいは任意の性質をもつ会計情報を取り扱う。このため，企業全体のみならず部分の詳細情報が，多少は正確性に欠けても，1時間ごとの情報や逆に10年間の予測情報として，必要な時に迅速に必要とされる。過去情報のみならず未来情報（予測）も重視されることになる。

表0－1　管理会計と財務会計の違い

|  | 管理会計 | 財務会計 |
| --- | --- | --- |
| ①情報利用者 | 経営管理者 | 外部利害関係者 |
| ②会計機能 | 経営管理用具 | 利害調整 |
| ③会計の社会的性質 | 私的任意 | 公的規制 |
| ④主としてカバーする範囲 | 詳細な部分情報 | 概略的な全体情報 |
| ⑤重視する時間次元 | 未来＆過去情報 | 過去情報 |
| ⑥会計期間 | 弾力的<br>（1時間〜10年） | 非弾力的，定期的<br>（1年，半年，四半期） |

企業会計を情報利用者あるいはその利用目的によるのではなく，把握対象からみると，一般会計（general accounting）と原価会計（cost accounting）に大

別できる。すなわち，購買活動や販売活動といった企業外部との取引を対象とする会計が一般会計であり，生産活動といった企業内部の取引を対象とする会計が原価会計である。

　財務会計は一般会計の情報を重視し，管理会計は原価会計の情報を重視する傾向がある（財務会計＝一般会計，管理会計＝原価会計ではない）。一般会計の情報のみでも企業の全体情報は得られるが，原価会計を実施して正確な製品原価情報が得られればより有益な情報となる。また，管理会計においても，経営管理対象としての生産活動の情報は重要であるが，販売部，資材部の活動を管理する意味から，一般会計での情報は必要である。もちろん，管理会計の発展をみるとき，管理会計の技法や理論が原価計算のそれをもとにしていることは否めない。それは，管理会計実務が19世紀以来のアメリカ製造業の繁栄とともに発展を続けてきたという歴史的事実にもよるのであろう（Johnson & Kaplan, 1987, pp. 5-12：鳥居訳，1992, pp. 5-10）。製造業ではまさに，複雑になった内部計算が重要であった。

**図 0－2　企業会計の目的と対象**

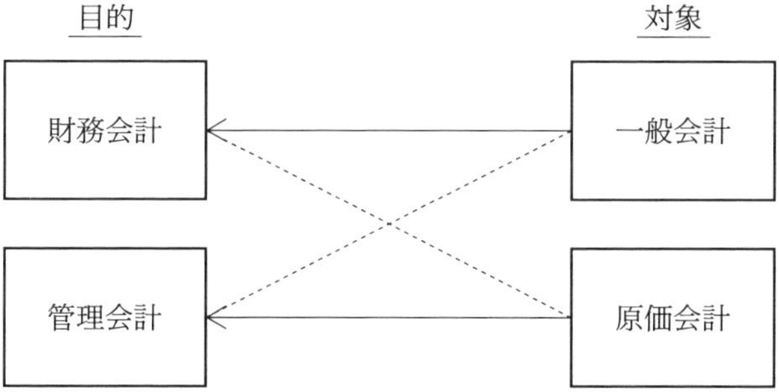

　なお，管理会計と財務会計は相対するものではない。情報利用者の違いあるいは果たす役割の違いから企業会計を分類したものである[7]。両者には共通領域がありつつも，独自の領域もあるというのが通説である（図 0－3 参照）。たとえば，財務諸表分析（経営分析）では，財務会計の理論に従って作成された財務諸表データを，経営管理に必要な種々の情報に加工し解釈するので，両者にまたがった領域といえる。予算やキャッシュ・フロー情報は管理会計にとっ

ては重要な計算制度であるが，現在のところ外部に報告する必要はないので，財務会計の範囲外である。しかし，ディスクロージャー（開示）という名目で公表の義務が生ずれば，両者にまたがった領域ということになる。

図 0-3　企業会計の体系

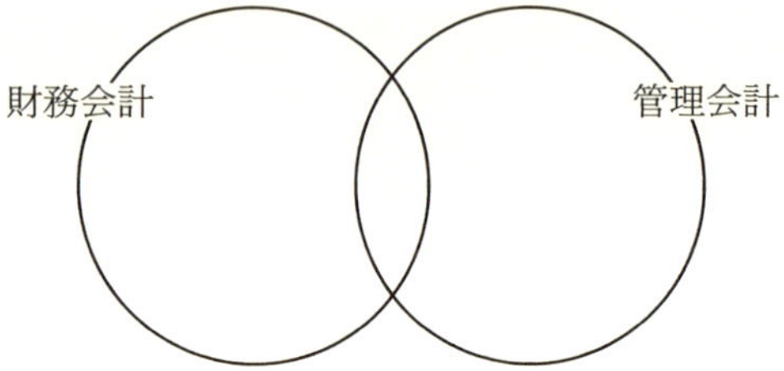

財務会計　　　　　　　　管理会計

<注>
1)　シカゴ大学で1919年にマッキンジィー（Mckinsey, J. O.）が管理会計コースを開設し，1924年に *Managerial Accounting* を刊行したことにより，学問としての管理会計（管理会計論）が成立したとみることができる（廣本，1993, pp. 41-42）。
2)　内容的には，1958年の管理会計委員会の報告書（Report of the 1958 Committee on Management Accounting）と同一であるが，1961年の同委員会報告書（Report of the Management Accounting Committee）とは，述語において多少の相違がある。なお，ASOBATには，日本語版（翻訳）も出版されている（飯野，1969）。また，原価計算および管理会計委員会の諸報告書も，そのつど雑誌 *The Accounting Review* に掲載されているが，原文を体系的にまとめ，翻訳したものもある（青木，1975）。
3)　1941年に発表された，アメリカ公認会計士協会（AICPA）の前身であるアメリカ会計士協会（AIA）の述語委員会は次のように定義している。
「会計とは，部分的であるにしても財務的性格をもつ取引および事象を，相応の方法で貨幣額により，記録，分類，集計し，かつその結果を解釈する技術である」
4)　会計学（簿記）を初めて学ぶ者は，会計を，経済主体（＝企業）に関する経済的データ（＝取引）を貨幣額でもって一定方式（＝複式簿記）により継続的

に記録計算し，その結果を報告する手続，と暫定的に定義しておくことも可能である。しかし，管理会計を財務会計と区別して，その存在意義を明らかにするためには，ASOBATのように広く定義する必要がある。

5) 経営管理者の階層の違いを意識して，岡本教授は，管理会計を「一企業における上級，中級および現場の各階層の経営管理者にたいし，その企業の経営管理に不可欠な経済的情報を提供するため，適切な数量的データを認識し，測定し，分類し，要約し，そして解説する理論と技術」と定義している（岡本，1982, p. 3)。

6) 株主は株価の上昇を期待して出資するかもしれないが，株価の変動は投資家相互間の期待から生じる市場の関係であり，企業との直接的関係はないと考えられる。

7) 財務会計と管理会計の関係をことさら論じるのは管理会計研究者であり，財務会計研究者があえて財務会計の独自性を論じることはないと言われる（中村，1995, p. 16)。これは，管理会計が財務会計との違いを強調して，その独自性を主張する必要性があったためと見ることもできる。

## ◇研究問題

0-1 投資家，債権者，税務当局，経営管理者以外の利害関係者集団が必要とする情報の違いについて考察しなさい。

〔ヒント〕 外部の利害関係者としては，取引先，消費者，地域社会，一般社会などが考えられる。内部の利害関係者としては，従業員，労働組合などが考えられる。

0-2 財務会計では，前期実績と当期実績を比較することが多い。管理会計では，どのような比較が有益であろうか。

〔ヒント〕 公表財務諸表は，現行では過去情報のみであるから，財務会計では時系列比較をせざるを得ない。

0-3 サービス業や非営利組織における管理会計は，製造業のそれとどのように異なるのかを考察しなさい。

〔ヒント〕 サービス業には生産活動がない。また，非営利組織には，営利組織と異なり，利益獲得誘因がない。

# 第1章
# 会計情報と経営管理者の役割

### キーワード

営業活動，会計情報，実績記録情報，問題解決情報，注意喚起情報，問題発見，問題解決，経営計画，経営統制，コントローラー，トレジャラー，スタッフ機能

### ❖本章の要約❖

1. 会計情報の中心は，購買活動から生産活動，販売活動にいたる企業の営業活動において，ヒト，モノの流れにカネという光をあてて，スクリーンに映し出された計数的情報である。
2. 経営管理者の基本的な職能は，計画と統制である。
3. 計画には個別計画と期間計画がある。
4. 統制には個別統制と期間統制がある。
5. 長期計画は個別構造的計画と密接な関係がある。
6. 経営管理者は，問題発見，問題解決，経営計画，経営統制の諸職能を果たすため，会計情報を利用する。
7. 会計情報を提供する会計部門は，スタッフ機能を果たす。
8. コントローラー職能を執行するための手段として，管理会計は役立つべきである。

## 第1節　企業活動と会計情報

管理会計のキーワードは，企業，経営管理者，会計情報である。

企業は，家計や政府とならぶ独立の経済主体のひとつであり，社会的需要を充足する生産単位であり，共通目的をもつ人々の集合体である。企業の重要な活動は，外部より調達した経営資源（ヒト，モノ，カネ）を結合させて，財（製品・用役）を外部に提供することにより獲得した利益を，再投資したり分配することである。資金（カネ）の流れに注目して企業の諸活動を概観したのが，図1-1である。

**図1-1　企業活動と経営資源の流れ**

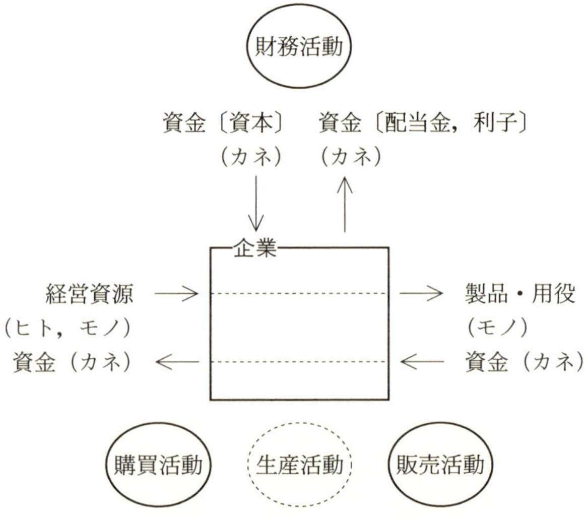

```
                    ┌──────┐
                    │財務活動│
                    └──────┘
         資金〔資本〕     資金〔配当金，利子〕
         （カネ）        （カネ）
              ↓           ↑
            ┌─────────────┐
            │    企業       │
  経営資源  →│------------→│  製品・用役
 （ヒト，モノ）│             │  （モノ）
  資金（カネ）←│------------←│  資金（カネ）
            └─────────────┘
         ┌──────┐ ┌──────┐ ┌──────┐
         │購買活動│ │生産活動│ │販売活動│
         └──────┘ └──────┘ └──────┘
```

企業は，まず資金（カネ）を調達する（財務活動）[1]。この資金でもって，材料（モノ）や労働力（ヒト）などの経営資源を外部より代金（カネ）を支払って購入し（購買活動），製品あるいは用役（モノ）として外部に販売するときに，対価としての代金（カネ）を受け取る（販売活動）。受け取ったカネと支払ったカネの差額が損益である。利益が発生すれば，出資者（株主）に対し

て配当金を支払うことができる（他人資本に対する利子は利益の発生いかんにかかわらず，通常は支払わなくてはならない）。財務活動では，基本的にカネの動きだけであるが，購買活動から生産活動（製造業において購入した経営資源を販売可能な製品等に加工する活動），販売活動にいたる企業の営業活動においては，いわゆるヒトとモノの流れとカネの流れは逆である。このようなヒトやモノといった経営資源の流れにカネ（貨幣）という光をあてて，スクリーンに映し出された写像としての計数的情報が会計情報である[2]。

一般に会計情報を，その果たす役割から，①実績記録（score-keeping），②問題解決（problem-solving）および③注意喚起（attention-directing）の3タイプの情報に分類できる[3]。

実績記録情報とは，企業活動の取引データを認識し，測定し，記録し，分類し，要約した結果としての情報をいう。この情報は，財務会計，管理会計の両目的に役立つ。財務会計においては，実績記録にもとづいて公表財務諸表が作成される。管理会計においては，実績記録にもとづく財務諸表の分析を通じて，経営管理者は自社の経営活動の現状を知り，その業績を判断する[4]。その結果，問題点が発見されることもある。

問題解決情報とは，経営意思決定のための情報であり，主として管理会計目的に役立つ。長期あるいは短期の個別問題を解決するために，代替案の数量的表現が必要になる。キャッシュ・フロー計算による差額分析が利用できるし，また長期の部門別あるいは全社的総合計画を長期計画の観点から解くためには，予測変数や政策変数を変化させて結果を検討するというシミュレーション・モデルが適用できる。この種の情報は経営企画室や生産技術部によってつくられ，トップ・マネジメントに提供されることになる。

注意喚起情報も主に管理会計目的に役立つ。すなわち，ミドルおよび現場の経営管理者は，例外管理の手段を通して，日常反復される業務活動の問題点や機会に対処している。この際に必要な情報が，注意喚起情報である。短期の経営計画を策定する際には予算を利用できるし，それにもとづいて業務活動を統制していく際には，予算（標準）・実績比較，差異分析を利用できる。

## 第2節　経営管理者の役割

　近代的企業においては，いわゆる所有と経営の分離がおこなわれ，出資者から財産を委託された経営（管理）者は，財産の増殖をめざして管理活動をおこなう。経営管理者の基本的職能は経営管理（management）であり，それは計画（planning）と統制（control）の過程から成る。

　計画とは，企業内で実現しようとする目標を決定し，その目標を達成する方法をあらかじめ決めておくことである。企図された目的の相違から，個別計画（project planning）と期間計画（period planning）に分けられる[5]。個別計画とは，新工場を建設するか否かの決定など，非反復的な特定問題（プロジェクト）を，代替案の評価という作業を通じて，発生のつど解決していくことをいう。期間計画は，特定期間に対する，企業全体あるいは部分単位に関する総合的な計画案を策定する過程である。

　統制とは，計画された目標や計画案が確実に実現されるように，企業活動を指導し規制していく過程である。上記の計画に対応して，個別統制（project control）と期間統制（period control）から成るものと考えられる（図1—2参照）。

図1—2　基本的経営管理職能

| 職能＼主体 | 個　別 | 期　間 |
|---|---|---|
| 計　画 | ① | ② |
| 統　制 | ③ | ④ |

　ただし，長期計画は，個別の構造的計画と密接な関係があるため，短期計画と区別すべきである。図1—3で説明してみよう。Aは1期首に始まり3期末

に終了するプロジェクト，Bは1期途中から始まり10期まで続くプロジェクト，Cは2期首に始まり4期途中で終了するプロジェクト，Dは3期途中から始まり5期末に終了するプロジェクト，Eは1期途中で起き第1期中に終了するプロジェクトという意味である。長期計画はこのA～E全体の計画でもある。

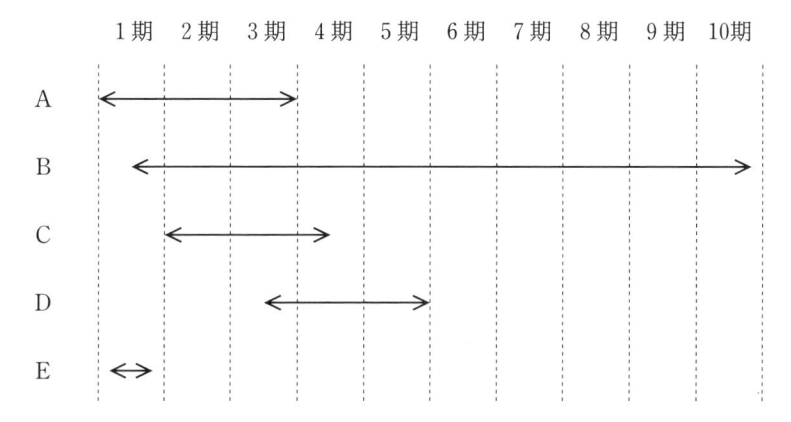

**図1-3 長期計画と短期計画の区別**

A～E個々の計画が，個別計画である。Aを採用すべきか否か，もし採用するとすれば，どのような案かといった計画である。プロジェクトは，通常は期をまたがった長期計画になるが，Eのように1期間内のものもあり，場合によっては，一時点での計画もある。また，長期計画では予期していなかった問題が発生することもある。なお，論理的には，個別統制は，プロジェクトごとの終点で評価することになる[6]。たとえば，Aが採用されたとすれば，3期末に3期間分の計画案と実績を比較すればよい。

短期計画は，1期間ごとの計画である。1期の計画では，A，B，Eの集合体である。短期統制は，期中の業務執行状態の指揮と期末の業績評価である。

本書では，基本的経営管理職能が計画と統制であることを確認した上で，会計情報の違いを強調し，経営管理者の果たす役割を①個別計画，②期間計画および④期間統制のサイクルとしてとらえ，**図1-4**のように考える。

図1-4　経営管理者の果たす役割

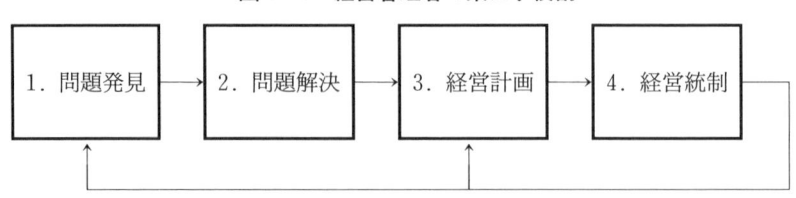

```
┌─────────┐   ┌─────────┐   ┌─────────┐   ┌─────────┐
│1. 問題発見│→ │2. 問題解決│→ │3. 経営計画│→ │4. 経営統制│
└─────────┘   └─────────┘   └─────────┘   └─────────┘
     ↑              ↑                              │
     │              └──────────────────────────────┤
     └─────────────────────────────────────────────┘
```

　まず問題点の解決の前段階として，問題点の発見という役割を位置づける（第1段階）。もし何も問題点がなければ，次の問題点の解決というプロセスは必要ない。問題発見で用いる会計情報では，主に財務諸表分析などの技法を通じて，企業の現状を調査する実績記録情報が有益である。これは財務会計との境界領域であるが，管理会計の領域としても正しく位置づけるべきである（岡本，1973，p.30）。

　もし問題点が発見されたならば，問題点を解決すべく，種々のプロジェクト別に代替案を比較検討し，差額分析を通じて，もっとも有利な案を選択しなくてはならない（第2段階）。ここで用いる情報は，主に問題解決情報である。経営の基本構造にかかわる構造的プロジェクトの場合には，概念的には第3段階にはいる長期経営計画の一環で決定されることになる。

　つぎに，経営管理者は，長期経営計画にもとづき，短期の企業全体の経営計画を策定する（第3段階）。ここでは，営業量の変化にともなう原価（利益）の変化に関する予測会計情報が必要である[7]。

　ついで，経営管理者は，経営計画にもとづき目標に向けて実際の業務活動を指導し規制する（第4段階）。予算（標準）・実績比較および差異分析を行い，報告書において差異の発生原因を明らかにする必要がある。さらに責任者別の統制可能性情報も重要である。

　長期の構造的意思決定や経営計画では，その対象となったプロジェクトごとの統制は，予定された期間終了後にプロジェクト別に評価することもできる。しかし，むしろ短期経営統制において大きな例外的差異が出たときに，問題点の発見につなげることができる点を強調しておこう。第4段階から第1段階へ

のフィードバックである。この意味で，問題点を発見できるためには，シグナルを発する注意喚起情報でなければならないのである。場合によっては，以前の長期経営計画の見直しを含めた新たな長期構造的意思決定が必要になることもある。

　なお，もし大きな問題点がなければ，第4段階の短期経営統制は第3段階の短期経営計画にフィードバックするだけである。その際に必要となる会計情報システムを図示すれば，図1-5のようになる。

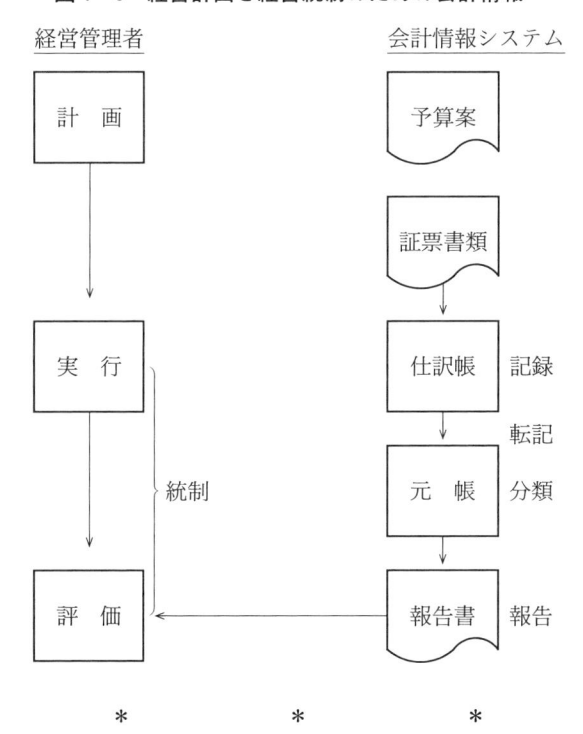

**図1-5　経営計画と経営統制のための会計情報**

```
   経営管理者              会計情報システム

   ┌──────┐              ┌──────┐
   │ 計  画 │              │ 予算案 │
   └──┬───┘              └──────┘
      │
      │                    ┌──────┐
      │                    │証票書類│
      ↓                    └──┬───┘
   ┌──────┐                  ↓
   │ 実  行 │              ┌──────┐ 記録
   └──┬───┘              │ 仕訳帳 │
      │  ┐              └──┬───┘
      │  │統制               ↓   転記
      │  │              ┌──────┐ 分類
      ↓  ┘              │ 元  帳 │
   ┌──────┐              └──┬───┘
   │ 評  価 │←──────────   ↓
   └──────┘              ┌──────┐ 報告
                          │ 報告書 │
                          └──────┘
```

　　　　　　　＊　　　　　＊　　　　　＊

**例題 1-1**　ＴＲ社の×××1年5月の月次原価業績報告書（一部抜粋）は以下のようであった。ＴＲ社社長はどの報告書を受け取り，どのように対応すべきか。

A工場の製造原価報告書（単位：千円）

|  | 予　算 | 実　際 | 差　異 |
|---|---:|---:|---:|
| 直接材料費 | 74,000 | 74,600 | 600 |
| 直接労務費 | 40,000 | 39,700 | ( 300) |
| 変動製造間接費 | 24,000 | 25,020 | 1,020 |
| 固定製造間接費 | 12,000 | 12,080 | 80 |
|  | 150,000 | 151,400 | 1,400 |

C工場の製造原価報告書（単位：千円）

|  | 予　算 | 実　際 | 差　異 |
|---|---:|---:|---:|
| 直接材料費 | 32,000 | 30,800 | ( 1,200) |
| 直接労務費 | 30,000 | 41,000 | 11,000 |
| 変動製造間接費 | 28,000 | 46,000 | 18,000 |
| 固定製造間接費 | 20,000 | 20,200 | 200 |
|  | 110,000 | 138,000 | 28,000 |

電子事業部原価報告書（単位：千円）

|  | 予　算 | 実　際 | 差　異 |
|---|---:|---:|---:|
| 製造原価： |  |  |  |
| 　A工場 | 150,000 | 151,400 | 1,400 |
| 　B工場 | 200,000 | 199,000 | ( 1,000) |
| 　C工場 | 110,000 | 138,000 | 28,000 |
| 　D工場 | 230,000 | 232,000 | 2,000 |
| 事業部費用： |  |  |  |
| 　販売費 | 85,000 | 84,500 | ( 500) |
| 　管理費 | 45,000 | 45,400 | 400 |
|  | 820,000 | 850,300 | 30,300 |

TR社原価報告書（単位：千円）

|  | 予　算 | 実　際 | 差　異 |
|---|---:|---:|---:|
| 事業部原価： |  |  |  |
| 　電子事業部 | 820,000 | 850,300 | 30,300 |
| 　化学事業部 | 416,000 | 419,000 | 3,000 |
| 本　部　費： |  |  |  |
| 　総務部門費 | 40,000 | 40,300 | 300 |
| 　会計部門費 | 12,000 | 11,900 | ( 100) |
| 　研究部門費 | 31,000 | 31,200 | 200 |
| 総　原　価 | 1,319,000 | 1,352,700 | 33,700 |

第1章　会計情報と経営管理者の役割　17

〔解説と解答〕
　与えられた報告書から組織図を想定し（図1-6参照），各経営管理者に提出される報告書から問題点を発見する。予算と実績を比較した原価報告書の例外項目を発見すればよい。

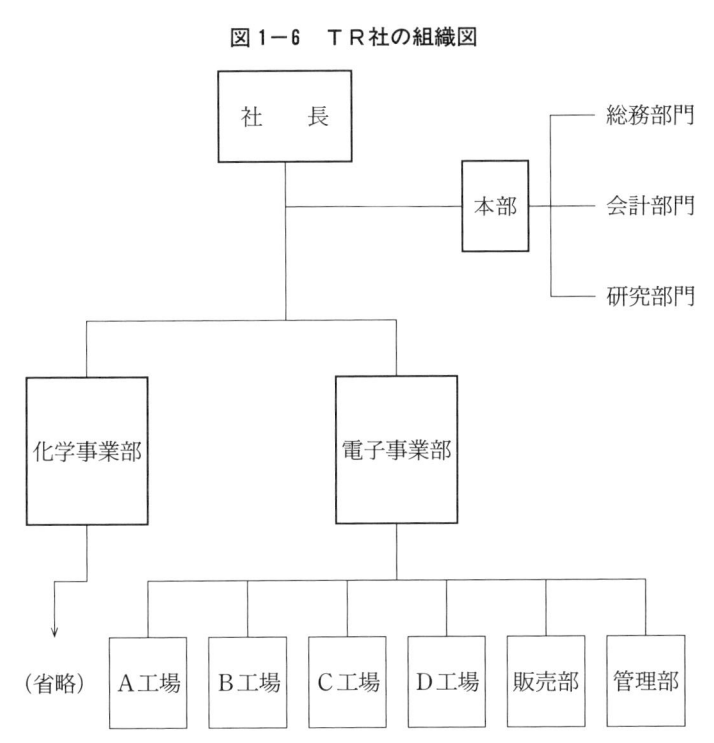

図1-6　TR社の組織図

```
                社　長 ─────┐
                  │        │     ┌── 総務部門
                  │       本部 ──┼── 会計部門
                  │              └── 研究部門
        ┌─────────┴─────────┐
    化学事業部          電子事業部
        │        ┌──┬──┬──┬──┬──┬──┐
     (省略)    A工場 B工場 C工場 D工場 販売部 管理部
```

　社長は企業全体としての業績に注意を払わなくてはならない。そこで，社長は原則して，総括としてのTR社原価報告書にのみ注目すればよい。事業部別や工場別の報告書を丹念に見る必要はない。ただし，電子事業部の予算オーバーに何か問題点があるのではないかと考えるならば，当該事業部長を呼び出して原因を聴取すべきであろう。このときはじめて，電子事業部の原価報告書を見ることになるかもしれない（化学事業部のそれを見ないのであれば，もしその中の工場に問題点があったとしても，社長は見過ごすかもしれない。それは

化学事業部長の裁量問題である）。事情によっては，予算の組み替えが必要になるかもしれないし（第3段階の経営計画へ），電子事業部の業務内容を検討することになるかもしれないし（第1段階から第2段階の問題解決へ），電子事業部長の報酬等に影響させることになるかもしれない（研究問題1-2も参照されたい）。

ただし，この例題では，原価報告書の範囲にとどまっている。事業部が利益責任までもっているならば，報告書の内容を利益計算まで含むものにすべきである。原価予算はオーバーしたが，売上高の大幅増加があり，利益としては会社全体に貢献しているかもしれないからである。

## 第3節　会計部門の役割

経営管理者に有益な会計情報を提供するために，企業には会計部門がある。前例の図1-6で言えば，本社の会計部門である[8]。責任と権限の観点からは，企業の基本的活動（製造業であれば，製品を製造し販売するという活動）に直接的に関係するライン部門への支援活動をするスタッフ部門である。総務部門や研究部門も一種のスタッフ部門である。ライン部門に助言したりサービスを提供したりする職能を果たしており，命令権限をもっているわけではない。

会計部門に，主に業務執行問題（operating matters）をあつかうコントローラー（controller/comptroller）という職位と，主に財務問題（financial matters）をあつかうトレジャラー（treasurer）という職位を置き，両者の職能を次のように区別することがある（Horngren et al., 2008, p. 20）。

| コントローラー職能 | トレジャラー職能 |
| --- | --- |
| 1. 計画設定 | 1. 資本調達 |
| 2. 報告と解釈 | 2. 投資家向け広報（IR） |
| 3. 評価と助言 | 3. 短期借入れ |
| 4. 税金管理 | 4. 貸付業務と管理 |
| 5. 政府報告 | 5. 与信業務と資金回収 |

| | |
|---|---|
| 6. 資産保全 | 6. 投資 |
| 7. 経済的評価 | 7. 危機管理（保険） |

　管理会計は，上記コントローラー職能のなかの1～3を執行するための手段となる。

　歴史的には，コントローラー職能は，管理会計論の発展と密接な関連をもっていた。すなわち，コントローラー制度は1920年代の米国で生成したと言われるが，1～3はその当時から職能として認識されていた（その後，時代的要請をうけて，コントローラー職能は，内部監査を包摂したり，税務職能や会計責任にもかかわりをもつようになった）。職業会計人たる公認会計士ではなく，企業の会計担当者あるいはコントローラーを養成するための会計として，1920年代に学問としての管理会計が米国で誕生した。廣本教授によれば，「管理会計論の成立のためには，コントローラー職能の認識が不可欠であった」（廣本，1993，p.424）のである。1930年代から1940年代にかけてのコントローラー教育の関心の高まりとともに，米国で管理会計論は確立・発展していった[9]。

　今日では，コントローラーは内部のコンサルタント（助言者）としての役割を強めつつあり，経営管理者が意思決定に有用な情報を収集することを支援している。

　コントローラーをクルマのナビゲーターに，経営管理者をドライバーにたとえることができる。ナビゲーターは，目的地に向けてドライバーがうまく運転できるための情報を提供し，支援していく役割を果たすからである。ドライバーはナビゲーターなしでも目的地に辿り着けるかもしれないし，実際の意思決定をくだすのもドライバーなのである。

　コントローラー部門の組織図を例示すれば，**図1-7**のようになる。

　会計担当者は経営管理者に対して，監視人（watchdog）であると同時に支援者（helper）であるという，ある意味では相反する二つの役割を果たさなくてはならない。前者は，あらゆる階層の経営管理者に対して，実績記録の情報を提供するという役割である。膨大な情報量があるため，コンピュータを利用した業務の分担が必要である。後者は，注意喚起と問題解決の情報を提供すると

図1-7　コントローラー部門の組織図

```
                    ┌─────────────┐
                    │ コントローラー │
                    └──────┬──────┘
       ┌────────┬────────┬─┴──────┬────────┬────────┐
   ┌───┴──┐ ┌──┴───┐ ┌──┴──┐ ┌──┴───┐ ┌──┴──┐ ┌──┴───┐
   │特殊調査│ │短期計画と│ │一般会計│ │内部監査│ │税　務│ │システム│
   │・研究 │ │統制の会計│ │     │ │     │ │     │ │設計  │
   └──────┘ └──────┘ └─────┘ └──────┘ └─────┘ └──────┘
  （問題解決）（注意喚起）（実績記録）
            （実績記録）
```

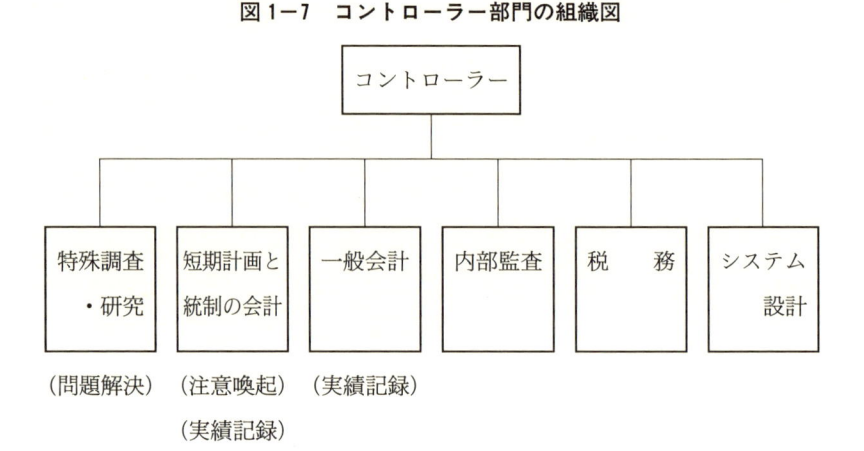

いう役割であり，有益な情報を提供できるシステムを設計しておくことが重要である。

**＜注＞**

1)　（余剰）資金の運用も財務活動の一部である。財務活動から発生する収益・費用は，財務会計的には営業外の項目である。
2)　光の方向，強さなどによりこの写像は異なって映し出されることもありうる。
3)　これらの情報は重なりあうこともあるが，システムの全体像をみるには有益である。ホーングレン教授らは，長期計画や特殊調査のためには問題解決情報，外部利害関係者への報告には実績記録情報がおのおの利用できるが，経常的な業務活動の管理には実績記録，注意喚起，問題解決のすべての情報を利用することになると指摘している（Horngren et al., 2008, pp. 5-6）。
4)　岡本教授は，自社業績分析としての経営分析を，企画部や調査部で行われる調査・診断（investigation and diagnosis）情報として，実績記録情報とは区別している（岡本，1982, p. 13）。
5)　この区分は，AAAの1955年度原価概念および基準委員会の「経営管理目的のための報告書の基礎をなす原価概念試案」のなかで示された。
6)　長期計画に対する長期統制は，論理的には，予定した期間の計画案全体と実績を比較することになる。しかし，Bのような長期にわたるプロジェクトの評

価（統制）は，10年後に実施するよりも，短期統制で対応するか，継続的予算（ローリング予算）等の手法によることになるであろう。
7) 個別計画のうち，業務執行的意思決定（たとえば，遊休生産能力のある場合における特別注文の引受可否の決定など）は短期計画と関係するが，ともに将来発生する差額原価，差額収益，差額投資額を計算するという会計情報の同質性という観点から（岡本，1973, p. 32），第2段階の問題点の解決プロセスにとどめる。
8) 事業部の管理部のなかに事業部活動にかかわる会計職能を担当する部署が存在することもありうる。事業部長にとっては，その部署からの会計情報は有益な情報である。
9) 日本では，1951年の通産省産業合理化審議会答申「企業における内部統制」において，コントローラー制度の導入の必要性が強調された。実際には，会計部門（経理部門）とは別の組織である経営企画室，社長室等がコントローラー職能を担っているケースも多い。

## ◇ 研究問題

1-1　利潤最大化目標を管理会計の観点から考察した上で，現代の企業経営における多元的目標についても検討しなさい。

1-2　例題1-1の資料において，もしＴＲ社社長が電子事業部の原価業績を問題視して詰問した場合，電子事業部長はどのように対応すべきか。

〔ヒント〕電子事業部長は，電子事業部原価報告書を見ているはずであるから，予算をオーバーした原因がＣ工場にあることを社長に述べることになろう。その詳細については，Ｃ工場長から事情をあらかじめ聴取しておくべきである（Ｃ工場長は，Ｃ工場の製造原価報告書からも明らかなように，直接労務費と変動製造間接費の予算オーバー原因を調査しておかなくてはならないであろう）。もし，その原因が，単なる無駄使いではなく，設備の老朽化による不能率を直接工の残業時間やアルバイト（臨時工）で補っている状況ならば，新設備への更新を社長に上申することになるかもしれない。この場合，新設備に関する問題解決のための情報も用意する必要があろう。

1-3　経営管理職能には，計画と統制以外にもある。組織化職能（企業活動に

必要な経済的資源を適切な時と場所で取得し，それらの最適な組み合わせを創り出す活動）や代表職能（経営者が企業全体を代表して，企業外部者と対応し，交渉し，決定する活動）である。これらの職能を経営管理者が果たしていくためには，どのような情報が必要であろうか。

〔ヒント〕　現在のところ，問題解決情報や財務会計情報で考えている。しかし，将来は管理会計領域拡大の可能性がある。組織化職能が，組織選択の決定（職能部門制組織から事業部制組織への変更すべきか否かの決定など）にとどまるならば，従来の問題解決情報でよい。しかし，人の配置問題を含むならば，人的資源の評価にかかわってくる情報が必要になるかもしれない（第6章第2節(4)も参照されたい）。代表職能では，外部に公表している財務会計情報にとどまるならば，特に目新しい問題はない。しかし，IR活動や企業の社会的責任が問題視されるならば，社会的業績評価の領域が必要になるかもしれない（第6章第2節(1)も参照されたい）。

# 第2章
# 問題発見のための管理会計

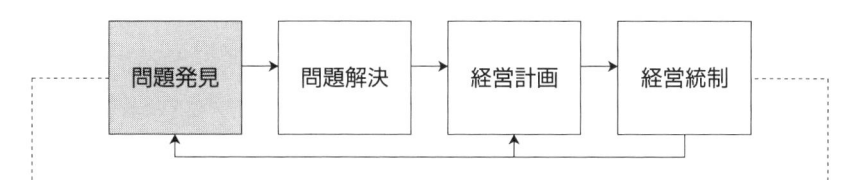

```
┌─────────┐   ┌─────────┐   ┌─────────┐   ┌─────────┐
│ 問題発見 │→ │ 問題解決 │→ │ 経営計画 │→ │ 経営統制 │
└─────────┘   └─────────┘   └─────────┘   └─────────┘
     ↑_____|_____|
```

## キーワード

損益計算書，貸借対照表，実績記録情報，注意喚起情報，収益性，安全性，成長性，生産性，流動性，資本利益率，ROI，ROA，ROE，真正総資本利益率，経常利益，営業利益，営業外利益，経営資本，経営外資本，回転率，回転期間，流動比率，当座比率，固定比率，負債比率，株主資本比率，自己資本比率，長期資本適合率

### ❖本章の要約❖

1. 財務会計と管理会計の境界領域として，財務諸表分析を位置づけることができる。
2. 代表的な総合的収益性指標としては，総資本経常利益率がある。
3. 本業の収益性をみる指標としては，経営資本営業利益率が有益である。
4. 損益計算書データのみから計算できる収益性指標としては，売上高利益率がある。
5. 流動性の指標として，諸回転率がある。
6. 株主にとって重要な指標に，株主資本利益率や配当性向がある。
7. 財務安全性（健全性）を読むには，貸借対照表データの借方と貸方の関係をみればよい。
8. 財務指標は企業にとって重要な目標であるが，評価には会計情報以外の情報も含めて総合的判断が必要である。

## 第1節　財務諸表分析の意義と財務諸表の構造

　企業をめぐる利害関係者が，企業利益の分配および経済的意思決定を合理的に行うためには，特定の企業の現状と問題点を把握しなくてはならない。そこでは，複式簿記のルールに従って作成した会計情報に関する計算書である財務諸表（financial statements: F/S）を分析し，比較し，解釈する必要がある。外部の証券アナリストは，公表された財務諸表によって分析する。経営管理者は公表されていない財務諸表（たとえば，セグメント別直接原価計算方式の予算・実績比較の損益計算書など）も内部で作成していれば利用できる。すなわち，財務諸表分析は財務会計目的にも管理会計目的にも役立つ技法である。

　代表的な財務諸表は，貸借対照表と損益計算書である。

　貸借対照表（balance sheet: B/S）は，一時点（通常は決算日）の資産・負債・純資産の財政状態を示している[1]。また，調達した資金をどのように運用しているのかの状況も表わしており，資産の合計額は，負債と純資産の合計額に等しい（資産＝負債＋純資産）。仮に図2-1のような貸借対照表をもつT社を想定すれば，合計で1億円の資産を運用しているが，その資金の調達方法としては，6,500万円の負債（他人資本）と 3,500万円の純資産（自己資本）であることがわかる（金額は架空のものである。以下同様）。

**図2-1　貸借対照表の構造**（単位：百万円）

| 運用状況 | 資　産　100 | 負　債　65 | 調達源泉 |
|---|---|---|---|
| | | 純資産　35 | |

　なお，資産は流動資産と固定資産に分類でき，負債は流動負債と固定負債に分類できる。株式会社の場合，純資産はおもに株主資本と剰余金からなる。

　損益計算書（income statement: I/S, profit and loss statement: P/L）は，収益

と費用を対応させて一会計期間の経営成績に関する情報を表示している。単純には，図 2-2 のように，「収益－費用＝利益」の構造である。

図 2-2　損益計算書の構造

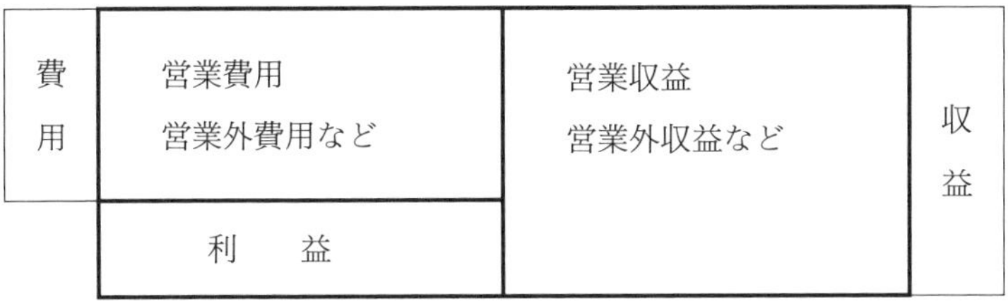

| 費用 | 営業費用<br>営業外費用など | 営業収益<br>営業外収益など | 収益 |
|---|---|---|---|
| | 利　　益 | | |

　財務諸表分析上重要な指標である利益概念は，営業利益あるいは損失（以降，営業利益と記す），経常利益あるいは損失（以降，経常利益と記す）および純利益あるいは損失（以降，純利益と記す）である。

　営業利益は，企業の本業の営業活動（製造・販売活動）から獲得された利益（あるいは損失）であり，営業収益（売上高）から営業費用（売上原価，販売費，一般管理費）を差し引いて算出される。

　　営業利益＝営業収益－営業費用　　　　　　　　　　　　　　………(1)

　経常利益は，企業の通常の継続的・反復的な経済活動から生じた利益（あるいは損失）であり，経常収益（＝営業収益＋営業外収益）から経常費用（＝営業費用＋営業外費用）を差し引いて算出される。すなわち，営業活動以外の活動（主に財務活動）からの営業外利益あるいは損失（以降，営業外利益と記す）を営業利益に加算すれば経常利益が得られる。

　　経常利益＝経常収益－経常費用
　　　　　　＝（営業収益－営業費用）＋（営業外収益－営業外費用）
　　　　　　＝営業利益＋営業外利益　　　　　　　　　　　　………(2)

　純利益は，総収益から総費用を差し引いて算出されるが，経常利益に固定資産売却損益やリストラ費用などの臨時的損益を意味する特別利益や特別損失を加減しても得られる。なお，純利益には，税引前あるいは税引後の概念があるが，通常は税引後純利益をさす。

純利益＝総収益－総費用－法人税等
　　　＝経常利益＋特別利益－特別損失－法人税等 ……… (3)

表2－1は，損益計算書を報告式で表示した例である。

**表2－1　損益計算書の例**(単位：千円)

| | | |
|---|---:|---|
| 売　　上　　高 | 100,000 | |
| 売　上　原　価 | (－)80,000 | |
| 販売費および一般管理費 | (－)15,000 | |
| 　　営　業　利　益 | 5,000 | |
| 営　業　外　収　益 | (＋) 2,000 | |
| 営　業　外　費　用 | (－) 3,000 | |
| 　　経　常　利　益 | 4,000 | |
| 特　　別　　利　　益 | (＋) 400 | |
| 特　　別　　損　　失 | (－) 600 | |
| 　　税引前純利益 | 3,800 | |
| 法　　人　　税　　等 | (－) 1,520 | |
| 　　税引後純利益 | 2,280 | |

損益計算書の売上原価を計算するための付属資料として[2]，製造業では，製造原価報告書（製造原価明細書）を作成する。この附属明細表では，当期製品製造原価が計算されるので，製造原価の構造を知ることができる[3]。

**表2－2　製造原価報告書の例**(単位：千円)

| | |
|---|---:|
| 材　　料　　費 | 50,000 |
| 労　　務　　費 | 20,000 |
| 経　　　　　　費 | 11,000 |
| 　当 期 総 製 造 費 用 | 81,000 |
| 　期 首 仕 掛 品 棚 卸 高 | 2,000 |
| 　　合　　　　計 | 83,000 |
| 　期 末 仕 掛 品 棚 卸 高 | 4,000 |
| 　当 期 製 品 製 造 原 価 | 79,000 |

このほか，財務諸表には，一定期間におけるキャッシュ・インフロー（＝収入）とキャッシュ・アウトフロー（＝支出）に関する情報を表示するキャッシュ・フロー計算書（Cash Flow Statement: C/S）[4]や，純資産の変動状況を表示する所有者持分変動計算書（株主資本等変動計算書）（Statement of Changes of

Equity) がある。

$$収入 - 支出 = 収支（資金変化額） \qquad \cdots\cdots(4)$$

**表 2-3 キャッシュ・フロー計算書の例** (単位：千円)

| | |
|---|---:|
| 営業活動によるキャッシュ・フロー | 300,000 |
| 投資活動によるキャッシュ・フロー | -250,000 |
| 財務活動によるキャッシュ・フロー | -40,000 |
| 計 | 10,000 |
| 現金および現金同等物期首残高 | 44,000 |
| 現金および現金同等物期末残高 | 54,000 |

## 第2節　収益性分析

### (1) 資本利益率

　企業の総合的収益性をみるためには，資本利益率が有益である。もちろん，数値が大きいほど収益性が高いといえる。

$$資本利益率 = \frac{利益}{資本} \times 100 \qquad \cdots\cdots(5)$$

　正常な営業活動のもとにおける業績を示す尺度を計算するのであるから，分子の利益の金額には，損益計算書で算出された年間の経常利益をとることが多い[5]。分母の資本の金額には，貸借対照表から得られる年間平均総資本をとるのが通常であり[6]，総資本（経常）利益率（return on total capital）になる。また，分母の総資本の金額は，総資産の金額と一致することから，総資産利益率（return on total assets：ROA）と呼ばれることもあるし，資本提供者の立場から，投資利益率あるいは投下資本利益率（return on investment：ROI）と呼ばれることもある。この指標によれば，資金の調達源泉にかかわらず，委ねられた資金全体をどのくらい効率的に運用したのかを知ることができる。企業全体としての総合的収益性を読むことができる。

$$総資本利益率 = \frac{経常利益}{(期首総資本 + 期末総資本)/2} \times 100 \qquad \cdots\cdots(6)$$

$$総資産利益率 = \frac{経常利益}{(期首総資産 + 期末総資産)/2} \times 100 \qquad \cdots\cdots (7)$$

分母の資本の金額に，総資本ではなく，自己資本をとれば，自己資本利益率あるいは株主資本利益率（return on equity: ROE）と呼ばれる指標になる。自己資本の収益性をみたり，企業の配当政策に役立つ。出資者（株主）にとっては重要な指標のひとつである。

なお，総資本利益率には，上記の"通常の"総資本利益率とは別に真正総資本利益率の概念もある。真正総資本利益率は，分子を，経常利益と金融費用（支払利息割引料）を加えたものとする指標である。総資本は自己資本と他人資本の和である。企業維持を可能ならしめる総資本のリターンという考え方から，自己資本に対応するリターン部分として経常利益，他人資本に対応するリターン部分として金融費用という算式が出てくるのである[7]。

$$真正総資本利益率 = \frac{経常利益 + 金融費用}{自己資本 + 他人資本} \times 100 \qquad \cdots\cdots (8)$$

\*　　　　　\*　　　　　\*

[例題 2-1] 前節のT社の総括貸借対照表が，前期末も当期末も図2-1のように金額的には同一であり，当期の損益計算書が表2-1のようであったと想定して，総資本利益率（総資産利益率，投資利益率）と自己資本利益率を計算しなさい。

〔解説と解答〕 平均総資本は 100 百万円，平均自己資本は 35 百万円，経常利益は 4 百万円であるから，

$$総資本利益率 = \frac{4}{(100 + 100)/2} \times 100 = 4\%$$

$$自己資本利益率 = \frac{4}{(35 + 35)/2} \times 100 ≒ 11.4\%$$

と計算できる。

### (2) 資本利益率の展開と経営活動の収益性分析

本業の収益性をみるためには，資本利益率の公式で，分子に営業利益をとり，分母をこれに対応する平均経営資本にすれば，経営資本（営業）利益率が

得られる[8]。

　これは，資本利益率の公式を次のように展開することにより，経営資本利益率と経営外資本利益率[9]が算出できることからも理解できよう。

$$総資本利益率 = \frac{営業利益}{経営資本} \times \frac{経営資本}{総資本} + \frac{営業外利益}{経営外資本} \times \frac{経営外資本}{総資本} \quad \cdots\cdots(9)$$

$$\phantom{総資本利益率 = }\uparrow\phantom{xxx}\uparrow\phantom{xxx}\uparrow\phantom{xxx}\uparrow$$

$$\phantom{総資本利益率 = }経営資本\phantom{x}経営資本\phantom{x}経営外資本\phantom{x}経営外資本$$
$$\phantom{総資本利益率 = }利益率\phantom{xx}構成率\phantom{xx}利益率\phantom{xx}構成率$$

　すなわち，製造業ならば，生産と販売という営業活動（本業）による収益性が経営資本（営業）利益率でもって計算され，財務活動などの営業外活動による収益性が経営外資本（営業外）利益率でもって計算されるのである。

　ここで，経営資本を定義するのはやや困難である。調達した資金が経営活動に利用されたのか，それ以外の活動に利用されたかは，通常は判別できないからである。そこで，経営活動に関与するか否かを，運用形態である資産から類推して，経営外資本を

$$経営外資本 = 建設仮勘定 + 投資等 + 繰延資産 \quad \cdots\cdots(10)$$

と資産でもって定義した上で[10]，経営資本を

$$経営資本 = 総資本 - 経営外資本 \quad \cdots\cdots(11)$$

と総資本からの差額概念で消極的に定義する手法をとればよい。

　　　　　　　　　＊　　　　　　＊　　　　　　＊

**例題 2-2**　例題 2-1 において，T社平均経営外資本が 20 百万円であったと仮定して，経営資本利益率と経営外資本利益率を計算しなさい。

〔解答〕

$$経営資本利益率 = \frac{5}{(80+80)/2} \times 100 = 6.25\%$$

$$経営外資本利益率 = \frac{-1}{(20+20)/2} \times 100 = -5\%$$

## (3) 経営資本利益率の再分析

　資本利益率は，損益計算書面のみからの収益性指標である売上高利益率と，

貸借対照表のかかわる流動性指標である資本回転率[11]に分解できる。

$$資本利益率 = \frac{利\ 益}{売上高} \times \frac{売上高}{資\ 本} \qquad \cdots\cdots(12)$$
$$\qquad\qquad\quad\ \ \uparrow\qquad\ \ \uparrow$$
$$\qquad\qquad\quad 売上高\quad 資\ \ 本$$
$$\qquad\qquad\quad 利益率\quad 回転率$$

売上高利益率は，損益計算書のみから計算できるため簡便であり，企業にとっても全社的な目標になることが多いと言われている。また，資本（資産）効率を考慮しない収益性指標であるため，利益責任のみをもつ部門の業績を測定するのには有益な指標である。売上高利益率には，総資本利益率と同様に，分子の利益に何をおくのかにより，次のようなバリエーションがある。

$$売上高営業利益率 = \frac{営業利益}{売\ 上\ 高} \times 100 \qquad \cdots\cdots(13)$$

$$売上高経常利益率 = \frac{経常利益}{売\ 上\ 高} \times 100 \qquad \cdots\cdots(14)$$

$$売上高純利益率 = \frac{純\ 利\ 益}{売\ 上\ 高} \times 100 \qquad \cdots\cdots(15)$$

経営資本営業利益率を例にとり，売上高営業利益率と経営資本回転率に分割し，さらにその内訳を示すならば，図2-3のようになる[12]。

＊　　　＊　　　＊

**例題 2-3**　表2-1から，T社の売上高利益率を計算しなさい。

〔解答〕

$$売上高営業利益率 = \frac{5{,}000}{100{,}000} \times 100 = 5\%$$

$$売上高経常利益率 = \frac{4{,}000}{100{,}000} \times 100 = 4\%$$

$$売上高純利益率 = \frac{2{,}280}{100{,}000} \times 100 = 2.28\%$$

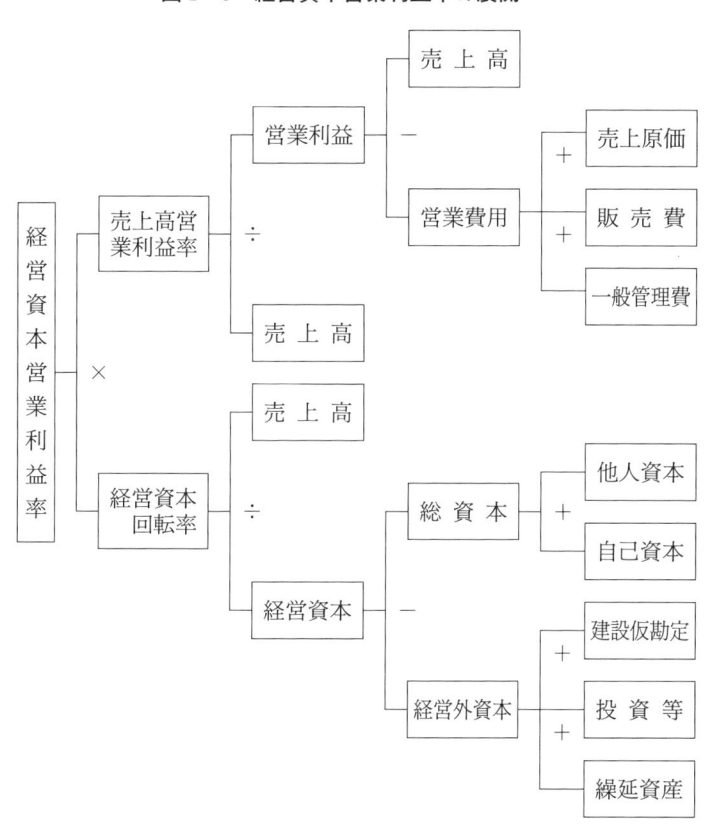

第 2 章　問題発見のための管理会計　31

図 2-3　経営資本営業利益率の展開[13]

```
                                    ┌── 売上高
                         ┌ 営業利益 ─┤        ┌─+─ 売上原価
             ┌ 売上高営    │          └ 営業費用─+─ 販売費
             │  業利益率  ÷                    └─+─ 一般管理費
             │           └ 売上高
経営資本営業  ×
利益率        │           ┌ 売上高
             │           │                   ┌─+─ 他人資本
             └ 経営資本  ÷         ┌ 総資本 ──┴─+─ 自己資本
                回転率   └ 経営資本─┤        ┌─+─ 建設仮勘定
                                    └ 経営外資本─+─ 投資等
                                                └─+─ 繰延資産
```

〔**例題 2-4**〕 例題 2-1 の条件のもとで，T 社の総資本回転率（総資産回転率）と自己資本回転率を計算しなさい。

〔**解答と解説**〕 平均総資本は 100 百万円，平均自己資本は 35 百万円，売上高は 100 百万円であるから，

$$総資産回転率 = \frac{100}{100} = 1 \text{回}$$

$$自己資本回転率 = \frac{100}{35} \fallingdotseq 2.86 \text{回}$$

と計算できる。

### (4) 配当関連内容の分析

配当性向，株主資本配当率は，株主資本利益率と同様，配当余力の大小を判断できるため，株主にとって重要な指標である[14]。企業にとっても，配当政策上重要である。なお，株主への配当金の金額は，株主資本等変動計算書に示される。

$$配当性向 = \frac{年間配当金}{税引後当期純利益} \times 100 \qquad \cdots\cdots(16)$$

$$株主資本配当率 = \frac{年間配当金}{年間平均株主資本} \times 100 \qquad \cdots\cdots(17)$$

## 第3節 安全性分析

貸借対照表は，一定時点における企業の財政状態を示しているので，企業の財務安全性（健全性）をみるのに役立つ情報を提供する。すなわち，貸借対照表の借方と貸方の関係をみればよい。ここでは，原則として高い比率の方が安全性もよいことを前提とした算式を示そう。現実には，業界平均値より大きければ，まずは問題ないと判断できる。

### (1) 短期財務安全性

流動負債の返済能力を判断するのに役立つ指標に流動比率がある[15]。流動比率が高ければ，短期の支払い能力が高く，資金繰りも良好であると考えられる[16]。

$$流動比率 = \frac{流動資産（期末）}{流動負債（期末）} \times 100 \qquad \cdots\cdots(18)$$

流動資産のなかには棚卸資産が含まれる。在庫を過大に所有していても流動比率は高くなってしまうため，より換金性の高い当座資産（現金預金，売上債権，短期保有の有価証券など）を流動資産にかわって分子に用いたのが，当座比率である[17]。

$$当座比率 = \frac{当座資産(期末)}{流動負債(期末)} \times 100 \qquad \cdots\cdots(19)$$

### (2) 長期財務安全性

　自己資本と固定資産との比率を固定比率という。固定資産への投下資金は流動性に乏しく，長期にわたって資金が固定化する（減価償却という手段によって耐用期間に回収される）ので，固定資産は返済期限のない自己資本で調達されていることが望ましいという指標である。すなわち，100％以上あることが望ましい[18]。

$$固定比率 = \frac{自己資本(期末)}{固定資産(期末)} \times 100 \qquad \cdots\cdots(20)$$

　しかし，増加しつづける設備投資や研究開発をまかなうために，長期借入金や社債の発行で資金を調達せざるをえなくなってきたため，長期資本適合率（固定長期適合率）を固定比率にかわって用いるようになってきた[19]。

$$長期資本適合率 = \frac{自己資本(期末)+固定負債(期末)}{固定資産(期末)} \times 100 \qquad \cdots\cdots(21)$$

　長期の財務安全性をみるために，総資本の構成割合を計算することがある[20]。

$$負債比率 = \frac{負債(期末)}{総資本(期末)} \times 100 \qquad \cdots\cdots(22)$$

$$自己資本比率 = \frac{自己資本(期末)}{総資本(期末)} \times 100 \qquad \cdots\cdots(23)$$

　自己資本は返済義務を負わないので，自己資本比率（株主資本比率）が高ければ高いほど，財務安全性は良好である。

　　　　　　　　　　＊　　　　　＊　　　　　＊

**例題 2-5**　貸借対照表が次のようであったと仮定して，財務安全性の諸比率を計算しなさい。

貸借対照表　　　　　（単位：百万円）

| 流動資産 | | | | 負債 | | | |
|---|---|---|---|---|---|---|---|
| | 当座資産 | 44 | | | 流動負債 | 40 | |
| | 棚卸資産 | 12 | | | 固定負債 | 25 | 65 |
| | その他 | 4 | 60 | 純資産 | | | |
| 固定資産 | | | 40 | | 資本金 | 10 | |
| 繰延資産 | | | 0 | | 剰余金 | 25 | 35 |
| 資産合計 | | | 100 | 負債・純資産合計 | | | 100 |

〔解答〕

流動比率＝150％　　　当座比率＝110％

固定比率＝ 87.5％　　長期資本適合率＝150％

負債比率＝ 65％　　　自己資本比率＝ 35％

# 第4節　総合的判断

　財務指標は企業目標とかかわる。ところが，収益性と財務安全性の目標だけをとりあげても，両立できないことがある。積極的な設備投資により営業利益が増大し経営資本利益率を高めることができたとしても，そのための資金を長期借入金によった場合，固定比率は悪化してしまう。安全性の面でも，長期と短期で両立しないことがある。長期借入金を返済すれば自己資本比率を改良できるが，資金が減少するため流動比率や当座比率が悪化する恐れがある。

　収益性と財務安全性の他に，成長性，生産性といった観点からの財務指標も考慮しなくてはならないだろう。たとえば，収益性に多少目をつむっても，売上高増加を目指すならば，収益性や財務安全性よりも成長性の指標が企業にとっては重要になる。労働生産性を判断しようするとき，従業員ひとりあたりの売上高は重要な指標になる。

　企業環境が複雑になっている今日では，単一の財務指標だけを目標とすることはないだろう。単純な例を示すならば，**表2－4**のように複数の財務指標の目標をあらかじめ設定しておけば[21]，実績が目標を上回った度合いで10段階

表 2-4 複数財務指標による評点法

|  | 目標 | 実績 | 評点 |  |
|---|---|---|---|---|
| 経営資本利益率（収益性） | 5% | 6% | 6 |  |
| 売上高営業利益率（収益性） | 15% | 5% | 2 | ⇐注目 |
| 配当率（収益性） | 10% | 10% | 5 |  |
| 売上高伸び率（成長性） | 12% | 20% | 9 | ⇐注目 |
| 流動比率（短期安全性） | 160% | 150% | 4 |  |
| 当座比率（短期安全性） | 120% | 110% | 4 |  |
| 固定比率（長期安全性） | 100% | 87.5% | 4 |  |
| 自己資本比率（長期安全性） | 33% | 35% | 6 |  |
| 製品回転率（流動性） | 12 回 | 14 回 | 7 |  |
| 売上債権回転期間（流動性） | 30 日 | 35 日 | 4 |  |
| 合　　計 |  |  | 51 |  |

評価し，さらに総合点を求めることができる（加重平均方式も可能である）。評点の低い指標は問題を提起する（経営管理者は問題点を発見する）のである。

　具体的な数値ではなく，ビジュアルに表現する方法もある。たとえば，日本経済新聞社では，複数の財務指標を，目，髪の毛，口などの部分にあてはめる方法（フェース分析）や幹の太さ，果実の数，枝や根の張り具合などにあてはめる方法（トリー分析）を開発した（『季刊日経会社情報』参照）。これらの絵を時系列的な比較をすることによって特徴をつかもうというのである。例外事項に注目して問題点を発見しようという意味で，役立つ手法である。

## 第5節　財務諸表分析の限界

　財務諸表分析では，財務諸表を通して企業の概略を把握し，問題点を発見することが重要である。しかし，分析対象となる財務諸表に表示されていない重大な要素が，企業にかかわる情報としては存在することに注意しなくてはならない。外部分析においては，公表されている情報に頼らざるを得ない。内部分析においても，経営管理者そのものの管理能力，取り扱っている製品の声価，工場や営業所の立地条件など，そもそも計数化が困難なものもある。経営管理

者は，これら会計情報以外の情報も考慮に入れて，意思決定していかなくてはならない。しかし，会計情報としての財務指標が不要なことは決してなく，むしろ，その限界を知った上で利用すべきであろう。

**<注>**

1) 資産の合計額から負債の合計額を差引いた金額が純資産をあらわすことを意味する（資産－負債＝純資産）。現行制度上，純資産は必ずしも自己資本ではないが，本書では，簡便のため，純資産は自己資本のみからなることを想定している。
2) 損益計算書上の売上原価は，当期製品製造原価を用いて，次のように計算される。

　　　期首製品棚卸高　　7,000
　　　当期製品製造原価　79,000
　　　合　　　計　　　 86,000
　　　期末製品棚卸高　　6,000
　　　売　上　原　価　 80,000

3) 製造費用を直接費と間接費に分類してあれば，当期総製造費用の内訳は，直接材料費，直接労務費，直接経費および製造間接費で示すことができる。内部的には有益な情報である。
4) キャッシュ・フロー計算書では通常，営業活動，投資活動，財務活動の区分別にキャッシュ・フローを表示した上で，期首における資金残高を加算し，期末における資金残高を計算する。また，営業活動のキャッシュ・フローの表示方法により，直接法と間接法がある。大まかには，次の通りである（第3章の第3節(2)のキャッシュ・フローの予測も参照されたい）。

　　　直接法：営業収入－営業支出－法人税等
　　　間接法：純利益＋減価償却費その他

5) 日本銀行調査統計局の『主要企業経営分析』では，税引後当期（純）利益を指標として用いて，総資本当期利益率と称している。
6) 平均値は，簡便的に，期首と期末の総資本の金額を2で割って計算する。期末の金額で代用することもある。
7) 分子の数値が会計期間に対する数値であるから，自己資本も他人資本もそれ

それその期の平均値である。

8) 経営資本の金額は，総資本の場合と同様に，原則として会計期間（年間）の平均値である。期首と期末の経営資本の金額を2で割って計算する。

9) 日本企業では通常，営業外費用のほうが大きく，営業外損失が計算され，経営外資本利益率はマイナスになる。

10) 遊休（固定）資産も差し引くべきである。ただし，外部分析ではこの金額は判明しない。

11) 分子が売上高の指標では本来の回転率ではない（岡本他，2008，p.45）。一定期間に売上高によって何回資本が回収されたかにすぎず，資本の利用度をあらわす指標である。本来の総資本（総資産）回転率ならば，分子は総資本（総資産）の消費額である総費用とすべきである。経営資本回転率ならば営業費用，材料回転率ならば材料費，仕掛品回転率ならば製品製造原価，製品回転率ならば売上原価，売上債権ならば回収額，有形固定資産回転率ならば減価償却費である。たとえば，製品回転率が低くなれば，不良製品在庫が増加したかもしれないというシグナルを発したことになり，問題発見に役立つ。

回転率の逆数は1回転する期間であるため回転期間を意味する。単位としては，年よりも月や日のほうがわかりやすい（分母の売上高については，上述のように，消費額である費用概念で計算するのが，本来の回転期間である）。回転率が年4回であれば，回転期間は1/4年，すなわち3ヵ月ということになる。

$$資本回転期間（月）＝\frac{資\quad 本}{売上高}\times 12$$

$$資本回転期間（日）＝\frac{資\quad 本}{売上高}\times 365$$

なお，負債の回転率もある。たとえば，支払債務の回転率は次式のように計算でき，年間に平均して何回支払っているかがわかる。

$$支払債務回転率＝\frac{支払債務支払額}{支払債務平均残高}$$

12) 経営資本利益率を次のように再分解すると，本来の経営資本回転率（分母が売上高であるときの回転率とは区別して，本書では「　」を付して「回転率」と記すこととする。回転期間も同様）が得られる。

$$経営資本営業利益率 = \frac{営業利益}{営業費用} \times \frac{営業費用}{経営資本}$$

$$= \left(\frac{売上高}{営業費用} - 1\right) \times \frac{営業費用}{経営資本}$$

（経営経済性係数 −1）　「経営資本回転率」

13) デュポン・チャートを本書の内容に合わせて修正したものである。デュポン・チャートについては，たとえば，Solomons (1965, p. 153.) を参照されたい。

14) 株式市場における価格（株価）を用いた指標，たとえば1株あたり利益の何倍まで株価が買われているかを示す株価収益率（price earning ratio: PER），株価が自己資本（純資産）の何倍まで買われているかを示す株価純資産倍率（price book value ratio: PBR），株価に対する配当を示す利回りなども，株主にとって重要な指標である。企業にとっても，時価発行による資金調達を考慮する際には重要な要素になる。

15) 流動資産と流動負債を比率ではなく，差額として分析をすることも可能である。すなわち，流動資産と流動負債の差額である資金（fund）あるいは運転資本（working capital）の増減を，貸借対照表の期間比較により分類した資金運用表でもって分析ができる。

**資金運用表**

1. 資金の源泉
   固定資産の減少　　　　　×××
   (+) 固定負債の増加　　　×××
   (+) 資本の増加　　　　　×××　　×××
2. 資金の運用（使途）
   固定資産の増加　　　　　×××
   (+) 固定負債の減少　　　×××
   (+) 資本の減少　　　　　×××　　×××
3. 資金の増減（=1−2）　　　　　　×××

16) 流動比率は銀行家比率（banker's ratio）とも呼ばれる。もともとは銀行が

17) 当座比率は酸性試験比率（acid test ratio）とも呼ばれ，流動負債と同額の当座資産をもっていることが望ましい（当座比率は100％）とされる（中村，1995, p. 292）。
18) 分母と分子を逆にした比率を固定比率と呼ぶことも多い。その場合は，100％以下が望ましいことになる（岡本他，2008, p. 53）。
19) 元来は，電力会社のように巨額の固定設備を必要とする企業に対して，社債の発行を可能にするために計算されたものである。
20) 負債と自己資本の割合を負債比率ということもある。本書では区別のため，資本負債比率と呼ぶことにする。下記の算式の資本負債比率では，100％未満であることが望ましいということになる（分母分子を逆にする算式の場合には，100％以上であることが望ましい）。

$$資本負債比率 = \frac{負債（期末）}{自己資本（期末）} \times 100$$

21) 目標の箇所に業界平均やライバル社の数値を入れておけば，他社との比較ができる。

## ◇ 練習問題

**2-1** 真正総資本経常利益率が20％のときを好況，10％のときを正常，5％のときを不況であると想定して，貸借対照表が次の①から③のケース（単位は百万円）であったときの自己資本経常利益率を計算しなさい。ただし，他人資本利子率を年8％の固定利率とする。

| ① | | ② | | ③ | |
|---|---|---|---|---|---|
| 資産 100 | 負債 0 | 資産 100 | 負債 50 | 資産 100 | 負債 75 |
| | 純資産 100 | | 純資産 50 | | 純資産 25 |

〔ヒント〕 ①〜③の構造をもつ企業をそれぞれ考えればよい。①の企業は負債（他人資本）ゼロである。いわゆる"無借金経営"の状態である。(1)〜(4)の計算のもとで，以下ような表を作成してみるとよい。

(1)＝真正総資本経常利益率×総資本
(2)＝他人資本×他人資本利子率
(3)＝(1)−(2)
(4)＝(3)÷自己資本

|  | 不況 | 正常 | 好況 |
|---|---|---|---|
| (1) 支払利子控除前経常利益 |  |  |  |
| (2) 支　払　利　子 |  |  |  |
| (3) 経　常　利　益 |  |  |  |
| (4) 自己資本経常利益率 |  |  |  |

**2-2** 以下の資料のような財務構造を示すMG株式会社から企業診断を依頼された。財務諸表分析をして，報告書を作成しなさい。ただし，便宜上，中間決算はなく年1回決算と仮定する。

**<資　料>**

1. 比較損益計算書（単位：10億円）

|  | 第X1期<br>(X1.4.1〜X2.3.31) | 第X2期<br>(X2.4.1〜X3.3.31) | 第X3期<br>(X3.4.1〜X4.3.31) |
|---|---|---|---|
| 売　　上　　高 | 800 | 1,000 | 1,100 |
| 売　　上　　原　　価 | 560 | 770 | 880 |
| 売　上　総　利　益 | 240 | 230 | 220 |
| 販売費および一般管理費 | 120 | 180 | 231 |
| 営　業　利　益 | 120 | 50 | △ 11 |
| 営業外収益(注1) | 20 | 60 | 94 |
| 営業外費用(注2) | 30 | 40 | 39 |
| 経　常　利　益 | 110 | 70 | 44 |
| 特　別　利　益 | 0 | 0 | 16 |
| 特　別　損　失 | 0 | 0 | 4 |
| 税引前当期純利益 | 110 | 70 | 56 |
| 法　人　税　等 | 44 | 28 | 20 |
| 当　期　純　利　益 | 66 | 42 | 36 |

(注1) うち受取利息　　　　　12　　　　　　42　　　　　　66
(注2) うち支払利息　　　　　16　　　　　　29　　　　　　31

2. 比較貸借対照表（単位：10億円）
　　　　　　　　　　　　第X1期　　　　　　第X2期　　　　　　第X3期
　　　　　　　　　　　（X 2.3.31）　　　（X 3.3.31）　　　（X 4.3.31）
　流動資産
　　当座資産(注3)　　　526　　　　　　　677　　　　　　　557
　　棚卸資産　　　　　210　　　　　　　260　　　　　　　280
　　その他　　　　　　164　　900　　　163　1,100　　　163　1,000
　固定資産
　　有形固定資産(注4)　239　　　　　　　267　　　　　　　314
　　無形固定資産　　　 25　　　　　　　 25　　　　　　　 30
　　投資等　　　　　　836　1,100　　1,008　1,300　　1,256　1,600
　資産合計　　　　　　　　 2,000　　　　　　2,400　　　　　　2,600

　流動負債　　　　　　　　　500　　　　　　　850　　　　　　　760
　固定負債　　　　　　　　　500　　　　　　　530　　　　　　　800
　純資産
　　株主資本(注5)　　1,000　　　　　　1,020　　　　　　1,040
　　その他　　　　　　　0　1,000　　　　0　　　　　　　0　1,040
　負債・純資産合計　　　　 2,000　　　　　　2,400　　　　　　2,600

(注3) うち現金預金　　　　230　　　　　　200　　　　　　180
(注4) うち建設仮勘定　　　 40　　　　　　 30　　　　　　 35
(注5) うち資本金　　　　　190　　　　　　190　　　　　　190

　　〔参　考〕第X0期末貸借対照表より一部抜粋（X 1.3.31）（単位：10億円）
　　　　　　　建設仮勘定　　 10　　　流動負債計　300
　　　　　　　投資等計　　　500　　　固定負債計　200
　　　　　　　資産合計　　1,400（＝負債・純資産合計）

3. 比較株主資本等変動計算書（単位：10億円）
　　　　　　　　　　　　第X1期　　　　　　第X2期　　　　　　第X3期
　　　　　　　　　　（X1.4.1～X2.3.31）（X2.4.1～X3.3.31）（X3.4.1～X4.3.31）
　期　首　残　高　　　　　900　　　　　　1,000　　　　　　1,020
　当期変動額合計(注6)　　 100　　　　　　　20　　　　　　　 40
　期　末　残　高　　　　1,000　　　　　　1,020　　　　　　1,040

(注6) うち配当金　　　　　 19　　　　　　 19　　　　　　　 19

◇研究問題

**2-1** 代表的な日本企業および日本企業の平均値としての財務諸表の構造をつ

かんでみよう。

　〔ヒント〕　総務省統計局の『日本の統計』(企業活動)，中小企業庁の『中小企業実態基本調査』などが参考になる。かつては，日本銀行調査統計局の『主要企業経営分析』，通商産業省政策局の『わが国企業の経営分析(業種別・企業別)』などが刊行されていたが，現在では廃止されている。

**2-2**　興味をもっている実際の企業の最新のデータを入手することにより，各種財務指標を計算してみなさい。

　〔ヒント〕　データとしては，各企業が提出した有価証券をEDINET (Electronic Disclosure for Investors' NETwork)によってインターネットにて閲覧可能である。また，株主ならば，株主総会に提出される報告書(営業報告書，財務諸表など)も利用できる(米国SEC提出用の年次報告書や四半期報告書を入手すれば，連結財務諸表のデータも利用できる)。インターネットを利用して財務情報を公開している企業も多くなっている。

**2-3**　表2-5の評点表から，どのようなことが推定できただろうか。

# 第3章
# 問題解決のための管理会計

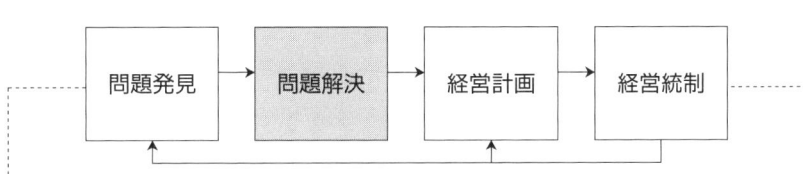

問題発見 → 問題解決 → 経営計画 → 経営統制

## キーワード

問題解決情報，差額分析，代替案，時間価値，割引計算，複利計算，現価計算，終価計算，資本コスト，キャッシュ・フロー，正味現在価値，内部利益率，回収期間法，戦略的意思決定，業務執行的意思決定

## ※本章の要約※

1. 問題解決において重要なのは，代替案の間で金額の異なる関連費用・収益・投資額である。
2. 経営意思決定では，キャッシュ・フロー計算を用いる。
3. 長期の経営意思決定においては，時間価値を考慮したDCF法が有益である。
4. 正味現在価値法では，正味キャッシュ・フローの割引計算をする。
5. 内部利益率法では，キャッシュ・フローの割引率を求める計算をする。
6. 短期の意思決定においては，差額概念を利用する。
7. 設備投資においては，長期にわたって利用する固定資産に資金を投下することになる。このことは経営の基本構造が決定されることを意味し，将来の経営計画の基本的枠組みを拘束することになる。

## 第1節　問題解決のプロセス

　問題点が発見されたならば，経営管理者は問題解決情報を利用してそれを解決しなくてはならない。経営管理者の基本的職能の第2段階である。

　問題解決は，一般に①代替案の列挙，②代替案の数量化，③代替案の比較検討を経て，④非数量的要素の考慮というプロセスで実施される。代替案とは2つ以上の案を意味する（ある案を実行するか実行しないかでも，2つの案である）。会計的比較をするかぎり，数量化が必要である。そして，代替案間の差額分析を行う。費用計算を例にとるならば少ない案が好ましい（利益計算ならば大きいほど望ましい）。ここで重要なのは，両案の間で金額が異なり，差額が発生する関連費用（relevant costs）の比較である。いずれの案でも同じく発生する無関連費用（irrelevant costs）は，意思決定上は直接には影響しないので，考慮の対象からはずすことも可能である（案の合計数値が意思決定に影響してくるならば，示しておくことに意味はある）。しかし，最終的には，意思決定者は人間であるから，数字のみで行動するわけではない。主観的判断も最終決定に影響してくる点に注意しなくてはならない。

|  | A 案 | B 案 | 差 額 |
|---|---|---|---|
| 関 連 費 用 | ××× | ××× | ××× |
| 無関連費用 | ××× | ××× | ― |
| 合　　計 | ××× | ××× | ××× |

　簡単な例示をしてみよう。車を保有しているS君は，ガールフレンドを誘って越後湯沢へ日帰りスキーに出かける計画をたてている。新幹線で行く案（A案）と車を用いる案（B案）で費用の予想をした。ここで重要なのは，関連費用は基本的には交通費関係の費用である。A案とB案とで予定しているレストランが異なり（新幹線を利用するならば駅近辺のレストランになるが，車ならば少し離れたレストランでも行ける），したがって料金も異なることが想定されるならば，食事代も関連費用に含められる。しかし，リフト券代は，目的が

スキーであるかぎり，いずれの案でも同じく発生するであろうから無関連費用である。

表 3－1 差額費用分析 （単位：円）

|  | A 案 | B 案 | 差 額 |
|---|---|---|---|
| 関連費用 |  |  |  |
| 　電車賃 | 26,440 | 0 | 26,440 |
| 　貸ロッカー代 | 2,000 | 0 | 2,000 |
| 　ガソリン代 | 0 | 5,000 | ( 5,000) |
| 　高速料金 | 0 | 10,600 | (10,600) |
| 　駐車料金 | 0 | 1,000 | ( 1,000) |
| 　食事代 | 6,000 | 8,000 | ( 2,000) |
| 無関連費用 |  |  |  |
| 　リフト券代 | 8,400 | 8,400 | ― |
| 　合　計 | 42,840 | 33,000 | 9,840 |

　**表 3－1** の差額費用分析からも明らかなように，B案のほうが支出する費用は少ない。費用計算上は，B案が有利な案であるということがわかる。

　ここで，注意すべき事項をいくつかあげてみよう。

　まず，無関連費用情報は意思決定上の分析では必要ない。しかし，表示してあれば，当該案を採用した場合の総額を予定できるという意味で，有益な情報となる。なお，分析対象となる数値は，いずれも予定数値である。

　S君がB案を採用するかどうかはわからない。S君が実際の決定をする際，あえてA案を採用するかもしれないからである。ここでの分析にプラス $\alpha$ の定性的要因でもって判断する可能性がある。A案ならば片道1時間半で到着するが，B案では最低でも片道3時間は予定しなくてはならない（渋滞に巻き込まれると4時間以上を覚悟すべきである）。しかも往復の運転はS君自身である。9,840円という差額を，2人合わせて**たったの9,840円**と判断するか，**なんと9,840円も**と判断するかの違いと言ってもよい。

　上記分析では費用のみを考慮した。便益（収益）がもし予定できるならば，考慮すべきである。たとえば，ガールフレンドが免許取立てのS君の運転に不安をもっているならば，この数値は低くなるかもしれない。逆に，2人だけの

ドライブを好み,「私をスキーに車で連れていって!」と願っていそうならば,この数値は高く評価できるかもしれない。ただし,いずれの場合も客観的な数値は出そうもない。

上記分析では,S君は車を所有していると仮定した。もし,自分の車を所有していなければ(親の所有する車でも利用可能ならば構わない),B案には車の購入費用(レンタカーを利用するならば借入費用)を考慮に入れなくてはならない。車の購入ということになれば,それは,短期的(一時的)意思決定ではなく,長期的戦略的意思決定になる。

## 第2節　経営意思決定の特徴

### (1) 現金主義会計

複式簿記が印刷活字として書物のなかに最初にあらわれたのは,数学者パチオリ (Pacioli, L) によって1494年に出版された『算術・幾何・比および比例のすべて』(通称『ズンマ』あるいは『スンマ』)であると言われる。それは,当時隆盛をきわめていたヴェニス地方で広く行われていた記帳方法の実務を説明したものである。

その中世イタリアで展開したルネッサンスの時代には,ヴェニスをはじめジェノヴァやピサといった都市国家は,東方とヨーロッパ諸国との中継貿易によって富を築いていた[1]。そこでは,多くの商人が企業(会社)を設立した[2]。企業は出資者を募り,その出資額でもって仕立てた船にフィレンツェやミラノなどで生産された毛織物等を積み込み東方に出掛けた。その地で紅茶や香料等の産物を仕入れ[3],帰国して積み荷を売却したところで,企業は解散し,もうけは出資者の間で山分けをした。すなわち,1航海で解散する1回限りの企業である。そこでの損益計算の会計期間は,会社が設立してから解散にいたるまでの全期間である。収入と支出を全部記録し,収入合計から支出合計を差し引き,さらにこの残額から出資金を差し引けば,全体損益が計算できた。このとき,航海途中の,たとえば1492年上半期の損益がいくらであるかなどという

情報は無意味である。むしろ、どのくらいの道のりを経て、どの方向に向かっているのか、どのくらいの携帯食糧が残っているのか、輸送中の品物の保存状態はいかなるものか、隊員達は満足しているだろうか、それとも反乱が起きそうだろうか、といった類の非財務会計情報こそが重要な情報である（Johnson & Kaplan, 1987, pp. 16-17. 鳥居訳，1992, pp. 14-15 参照）。

ところが、近代企業では、企業をひとつの会計単位としてとらえ、貨幣単位によって期間計算を行う[4]。すなわち、現代の財務会計では、損益計算において、出資者とは別個の企業実体（business entity）を会計単位としてとらえ、その企業活動の継続性（going concern）を前提としている。そのため、人為的に設定した1年、半年あるいは四半期といった会計期間に対応して、費用と収益を比較するという発生主義会計という仕組みを利用しているのである。

一方、現代の経営管理者は、企業を経営していくとき種々の意思決定をしなくてはならない。それは、発見された問題点を解決するためである。確かに、問題点を発見するために、財務会計情報は有益な情報のひとつではある。しかし、経営意思決定においては上記のような財務会計上の損益計算をすべきでない。会計実体は企業全体ではなく特定の代替案（個別プロジェクト）であり、発生主義会計というよりも、むしろ現金収支による計算が重要である。その意味で、経営意思決定の会計方法はルネッサンス時代のそれに類似し、前近代的であると言える[5]。

|   | 財務会計 | 経営意思決定 |
| --- | --- | --- |
| ①会計実体 | 企業実体 | 代替案(個別プロジェクト) |
| ②実体の性質 | 継続企業 | 一回限り |
| ③会計期間 | 決算期間 | 予想貢献年数全体 |
| ④費用・収益 | 発生主義会計 | 予想増分現金流出入額 |

## (2) 時間価値概念と割引計算

貨幣資本は、時の経過とともに利息を生むことにより、絶えず増殖すると考えられる。一種の時間価値である。たとえば、元金1,000,000円を年利率

表 3—2  現価係数表

$(1+r)^{-n}$

| n \ r | 1% | 2% | 3% | 4% | 5% | 6% | 7% | 8% | 9% | 10% |
|---|---|---|---|---|---|---|---|---|---|---|
| 1 | 0.9901 | 0.9804 | 0.9709 | 0.9615 | 0.9524 | 0.9434 | 0.9346 | 0.9259 | 0.9174 | 0.9091 |
| 2 | 0.9803 | 0.9612 | 0.9426 | 0.9246 | 0.9070 | 0.8900 | 0.8734 | 0.8573 | 0.8417 | 0.8264 |
| 3 | 0.9706 | 0.9423 | 0.9151 | 0.8890 | 0.8638 | 0.8396 | 0.8163 | 0.7938 | 0.7722 | 0.7513 |
| 4 | 0.9610 | 0.9238 | 0.8885 | 0.8548 | 0.8227 | 0.7921 | 0.7629 | 0.7350 | 0.7084 | 0.6830 |
| 5 | 0.9515 | 0.9057 | 0.8626 | 0.8219 | 0.7835 | 0.7473 | 0.7130 | 0.6806 | 0.6499 | 0.6209 |
| 6 | 0.9420 | 0.8880 | 0.8375 | 0.7903 | 0.7462 | 0.7050 | 0.6663 | 0.6302 | 0.5963 | 0.5645 |
| 7 | 0.9327 | 0.8706 | 0.8131 | 0.7599 | 0.7107 | 0.6651 | 0.6227 | 0.5835 | 0.5470 | 0.5132 |
| 8 | 0.9235 | 0.8535 | 0.7894 | 0.7307 | 0.6768 | 0.6274 | 0.5820 | 0.5403 | 0.5019 | 0.4665 |
| 9 | 0.9143 | 0.8368 | 0.7664 | 0.7026 | 0.6446 | 0.5919 | 0.5439 | 0.5002 | 0.4604 | 0.4241 |
| 10 | 0.9053 | 0.8203 | 0.7441 | 0.6756 | 0.6139 | 0.5584 | 0.5083 | 0.4632 | 0.4224 | 0.3855 |
| 11 | 0.8963 | 0.8043 | 0.7224 | 0.6496 | 0.5847 | 0.5268 | 0.4751 | 0.4289 | 0.3875 | 0.3505 |
| 12 | 0.8874 | 0.7885 | 0.7014 | 0.6246 | 0.5568 | 0.4970 | 0.4440 | 0.3971 | 0.3555 | 0.3186 |
| 13 | 0.8787 | 0.7730 | 0.6810 | 0.6006 | 0.5303 | 0.4688 | 0.4150 | 0.3677 | 0.3262 | 0.2897 |
| 14 | 0.8700 | 0.7579 | 0.6611 | 0.5775 | 0.5051 | 0.4423 | 0.3878 | 0.3405 | 0.2992 | 0.2633 |
| 15 | 0.8613 | 0.7430 | 0.6419 | 0.5553 | 0.4810 | 0.4173 | 0.3624 | 0.3152 | 0.2745 | 0.2394 |
| 16 | 0.8528 | 0.7284 | 0.6232 | 0.5339 | 0.4581 | 0.3936 | 0.3387 | 0.2919 | 0.2519 | 0.2176 |
| 17 | 0.8444 | 0.7142 | 0.6050 | 0.5134 | 0.4363 | 0.3714 | 0.3166 | 0.2703 | 0.2311 | 0.1978 |
| 18 | 0.8360 | 0.7002 | 0.5874 | 0.4936 | 0.4155 | 0.3503 | 0.2859 | 0.2502 | 0.2120 | 0.1799 |
| 19 | 0.8277 | 0.6864 | 0.5703 | 0.4746 | 0.3957 | 0.3305 | 0.2765 | 0.2317 | 0.1945 | 0.1635 |
| 20 | 0.8195 | 0.6730 | 0.5537 | 0.4564 | 0.3769 | 0.3118 | 0.2584 | 0.2145 | 0.1784 | 0.1486 |

| n \ r | 11% | 12% | 13% | 14% | 15% | 16% | 17% | 18% | 19% | 20% |
|---|---|---|---|---|---|---|---|---|---|---|
| 1 | 0.9009 | 0.8929 | 0.8850 | 0.8772 | 0.8696 | 0.8621 | 0.8547 | 0.8475 | 0.8403 | 0.8333 |
| 2 | 0.8116 | 0.7972 | 0.7831 | 0.7695 | 0.7561 | 0.7432 | 0.7305 | 0.7182 | 0.7062 | 0.6944 |
| 3 | 0.7312 | 0.7118 | 0.6931 | 0.6750 | 0.6575 | 0.6407 | 0.6244 | 0.6086 | 0.5934 | 0.5787 |
| 4 | 0.6587 | 0.6355 | 0.6133 | 0.5921 | 0.5718 | 0.5523 | 0.5337 | 0.5158 | 0.4987 | 0.4823 |
| 5 | 0.5935 | 0.5674 | 0.5428 | 0.5194 | 0.4972 | 0.4761 | 0.4561 | 0.4371 | 0.4190 | 0.4019 |
| 6 | 0.5346 | 0.5066 | 0.4803 | 0.4556 | 0.4323 | 0.4104 | 0.3898 | 0.3704 | 0.3521 | 0.3349 |
| 7 | 0.4817 | 0.4523 | 0.4251 | 0.3996 | 0.3759 | 0.3538 | 0.3332 | 0.3139 | 0.2959 | 0.2791 |
| 8 | 0.4339 | 0.4039 | 0.3762 | 0.3506 | 0.3269 | 0.3050 | 0.2848 | 0.2660 | 0.2487 | 0.2326 |
| 9 | 0.3909 | 0.3606 | 0.3329 | 0.3075 | 0.2843 | 0.2630 | 0.2434 | 0.2255 | 0.2090 | 0.1938 |
| 10 | 0.3522 | 0.3220 | 0.2946 | 0.2697 | 0.2472 | 0.2267 | 0.2080 | 0.1911 | 0.1756 | 0.1615 |
| 11 | 0.3173 | 0.2875 | 0.2607 | 0.2366 | 0.2149 | 0.1954 | 0.1778 | 0.1619 | 0.1476 | 0.1346 |
| 12 | 0.2858 | 0.2567 | 0.2307 | 0.2076 | 0.1869 | 0.1685 | 0.1520 | 0.1372 | 0.1240 | 0.1122 |
| 13 | 0.2575 | 0.2292 | 0.2042 | 0.1821 | 0.1625 | 0.1452 | 0.1299 | 0.1163 | 0.1042 | 0.0935 |
| 14 | 0.2320 | 0.2046 | 0.1807 | 0.1597 | 0.1413 | 0.1252 | 0.1110 | 0.0985 | 0.0876 | 0.0779 |
| 15 | 0.2090 | 0.1827 | 0.1599 | 0.1401 | 0.1229 | 0.1079 | 0.0949 | 0.0835 | 0.0736 | 0.0649 |
| 16 | 0.1883 | 0.1631 | 0.1415 | 0.1229 | 0.1069 | 0.0930 | 0.0811 | 0.0708 | 0.0618 | 0.0541 |
| 17 | 0.1696 | 0.1456 | 0.1252 | 0.1078 | 0.0929 | 0.0802 | 0.0693 | 0.0600 | 0.0520 | 0.0451 |
| 18 | 0.1528 | 0.1300 | 0.1108 | 0.0946 | 0.0808 | 0.0691 | 0.0592 | 0.0508 | 0.0437 | 0.0376 |
| 19 | 0.1377 | 0.1161 | 0.0981 | 0.0829 | 0.0703 | 0.0596 | 0.0506 | 0.0431 | 0.0367 | 0.0313 |
| 20 | 0.1240 | 0.1037 | 0.0868 | 0.0728 | 0.0611 | 0.0514 | 0.0433 | 0.0365 | 0.0308 | 0.0261 |

## 表 3—3 年金現価係数表

$$\frac{1-(1+r)^{-n}}{r}$$

| n \ r | 1% | 2% | 3% | 4% | 5% | 6% | 7% | 8% | 9% | 10% |
|---|---|---|---|---|---|---|---|---|---|---|
| 1 | 0.9901 | 0.9804 | 0.9709 | 0.9615 | 0.9524 | 0.9434 | 0.9346 | 0.9259 | 0.9174 | 0.9091 |
| 2 | 1.9704 | 1.9416 | 1.9135 | 1.8861 | 1.8594 | 1.8334 | 1.8080 | 1.7833 | 1.7591 | 1.7355 |
| 3 | 2.9410 | 2.8839 | 2.8286 | 2.7751 | 2.7232 | 2.6730 | 2.6243 | 2.5771 | 2.5313 | 2.4869 |
| 4 | 3.9020 | 3.8077 | 3.7171 | 3.6299 | 3.5460 | 3.4651 | 3.3872 | 3.3121 | 3.2397 | 3.1699 |
| 5 | 4.8534 | 4.7135 | 4.5797 | 4.4518 | 4.3295 | 4.2124 | 4.1002 | 3.9927 | 3.8897 | 3.7908 |
| 6 | 5.7955 | 5.6014 | 5.4172 | 5.2421 | 5.0757 | 4.9173 | 4.7665 | 4.6229 | 4.4859 | 4.3553 |
| 7 | 6.7282 | 6.4720 | 6.2303 | 6.0021 | 5.7864 | 5.5824 | 5.3893 | 5.2064 | 5.0330 | 4.8684 |
| 8 | 7.6517 | 7.3255 | 7.0197 | 6.7327 | 6.4632 | 6.2098 | 5.9713 | 5.7466 | 5.5348 | 5.3349 |
| 9 | 8.5660 | 8.1622 | 7.7861 | 7.4353 | 7.1078 | 6.8017 | 6.5152 | 6.2469 | 5.9952 | 5.7590 |
| 10 | 9.4713 | 8.9826 | 8.5302 | 8.1109 | 7.7217 | 7.3601 | 7.0236 | 6.7101 | 6.4177 | 6.1446 |
| 11 | 10.3676 | 9.7868 | 9.2526 | 8.7605 | 8.3064 | 7.8869 | 7.4987 | 7.1390 | 6.8052 | 6.4951 |
| 12 | 11.2551 | 10.5753 | 9.9540 | 9.3851 | 8.8633 | 8.3838 | 7.9427 | 7.5361 | 7.1607 | 6.8137 |
| 13 | 12.1337 | 11.3484 | 10.6350 | 9.9856 | 9.3936 | 8.8527 | 8.3577 | 7.9038 | 7.4869 | 7.1034 |
| 14 | 13.0037 | 12.1062 | 11.2961 | 10.5631 | 9.8986 | 9.2950 | 8.7455 | 8.2442 | 7.7862 | 7.3667 |
| 15 | 13.8651 | 12.8493 | 11.9379 | 11.1184 | 10.3797 | 9.7122 | 9.1079 | 8.5595 | 8.0607 | 7.6061 |
| 16 | 14.7178 | 13.5777 | 12.5611 | 11.6523 | 10.8378 | 10.1059 | 9.4466 | 8.8514 | 8.3126 | 7.8237 |
| 17 | 15.5623 | 14.2919 | 13.1661 | 12.1657 | 11.2741 | 10.4773 | 9.7632 | 9.1216 | 8.5436 | 8.0216 |
| 18 | 16.3983 | 14.9920 | 13.7535 | 12.6593 | 11.6896 | 10.8276 | 10.0591 | 9.3719 | 8.7556 | 8.2014 |
| 19 | 17.2260 | 15.6785 | 14.3238 | 13.1339 | 12.0853 | 11.1581 | 10.3356 | 9.6036 | 8.9501 | 8.3649 |
| 20 | 18.0456 | 16.3514 | 14.8775 | 13.5903 | 12.4622 | 11.4699 | 10.5940 | 9.8181 | 9.1285 | 8.5136 |

| n \ r | 11% | 12% | 13% | 14% | 15% | 16% | 17% | 18% | 19% | 20% |
|---|---|---|---|---|---|---|---|---|---|---|
| 1 | 0.9009 | 0.8929 | 0.8850 | 0.8772 | 0.8696 | 0.8621 | 0.8547 | 0.8475 | 0.8403 | 0.8333 |
| 2 | 1.7125 | 1.6901 | 1.6681 | 1.6467 | 1.6257 | 1.6052 | 1.5852 | 1.5656 | 1.5465 | 1.5278 |
| 3 | 2.4437 | 2.4018 | 2.3612 | 2.3216 | 2.2832 | 2.2459 | 2.2096 | 2.1743 | 2.1399 | 2.1065 |
| 4 | 3.1024 | 3.0373 | 2.9745 | 2.9137 | 2.8550 | 2.7982 | 2.7432 | 2.6901 | 2.6386 | 2.5887 |
| 5 | 3.6959 | 3.6048 | 3.5172 | 3.4331 | 3.3522 | 3.2743 | 3.1993 | 3.1272 | 3.0576 | 2.9906 |
| 6 | 4.2305 | 4.1114 | 3.9975 | 3.8887 | 3.7845 | 3.6847 | 3.5892 | 3.4976 | 3.4098 | 3.3255 |
| 7 | 4.7122 | 4.5638 | 4.4226 | 4.2883 | 4.1604 | 4.0386 | 3.9224 | 3.8115 | 3.7057 | 3.6046 |
| 8 | 5.1461 | 4.9676 | 4.7988 | 4.6389 | 4.4873 | 4.3436 | 4.2072 | 4.0776 | 3.9544 | 3.8372 |
| 9 | 5.5370 | 5.3282 | 5.1317 | 4.9464 | 4.7716 | 4.6065 | 4.4506 | 4.3030 | 4.1633 | 4.0310 |
| 10 | 5.8892 | 5.6502 | 5.4262 | 5.2161 | 5.0188 | 4.8332 | 4.6586 | 4.4941 | 4.3389 | 4.1925 |
| 11 | 6.2065 | 5.9377 | 5.6896 | 5.4527 | 5.2337 | 5.0286 | 4.8364 | 4.6560 | 4.4865 | 4.3271 |
| 12 | 6.4924 | 6.1944 | 5.9176 | 5.6603 | 5.4206 | 5.1971 | 4.9884 | 4.7932 | 4.6105 | 4.4392 |
| 13 | 6.7499 | 6.4235 | 6.1218 | 5.8424 | 5.5831 | 5.3423 | 5.1183 | 4.9095 | 4.7147 | 5.5327 |
| 14 | 6.9819 | 6.6282 | 6.3025 | 6.0021 | 5.7245 | 5.4675 | 5.2293 | 5.0081 | 4.8023 | 4.6106 |
| 15 | 7.1909 | 6.8109 | 6.4624 | 6.1422 | 5.8474 | 5.5755 | 5.3242 | 5.0916 | 4.8759 | 4.6755 |
| 16 | 7.3792 | 6.9740 | 6.6039 | 6.2651 | 5.9542 | 5.6685 | 5.4053 | 5.1624 | 4.9377 | 4.7296 |
| 17 | 7.5488 | 7.1196 | 6.7291 | 6.3729 | 6.0472 | 5.7487 | 5.4746 | 5.2223 | 4.9897 | 4.7746 |
| 18 | 7.7016 | 7.2497 | 6.8399 | 6.4674 | 6.1280 | 5.8178 | 5.5339 | 5.2732 | 5.0333 | 4.8122 |
| 19 | 7.8393 | 7.3658 | 6.9380 | 6.5504 | 6.1982 | 5.8775 | 5.5845 | 5.3162 | 5.0700 | 4.8435 |
| 20 | 7.9633 | 7.4694 | 7.0248 | 6.6231 | 6.2593 | 5.9288 | 5.6278 | 5.3527 | 5.1009 | 4.8696 |

5％の条件で銀行に預け入れたとすれば，1年後には 50,000 円の利息を生み出し，元利合計は 1,050,000 円になる。このように，一定期間後の価値を計算することを終価計算という。

<u>終価計算</u>

$T_0$　　　　　$T_1$
1,000 ——→ 1,050

複利法での終価計算を示すならば[6]，現在時点での資金 $P_0$ 円を年利率 $r$ の複利で運用すると仮定して，$n$ 年後の元利合計 $S_n$ は，次の式で計算される。

$$S_n = P_0(1+r)^n \qquad \cdots\cdots(1)$$

時間価値の点からみれば，年利率5％のもとでは，現在の 1,000,000 円と1年後の 1,050,000 円は等しい価値をもつとみなすことができる。逆の見方をすれば，1年後の 1,050,000 円の現在の価値は 1,000,000 円である。この計算は現価（現在価値）計算である。

<u>現価計算</u>

$T_0$　　　　　$T_1$
1,000 ←—— 1,050

複利での現価計算は割引計算とも呼ばれ，現在価値 $P_0$ は次式のようになる。

$$P_0 = S_n(1+r)^{-n} \qquad \cdots\cdots(2)$$

$(1+r)^{-n}$ を現価係数といい，$r$ と $n$ の種々の値に対して計算した結果の表を現価係数表（複利現価表）という。**表 3－2** は，その一部である。

　　　　　　　＊　　　　　＊　　　　　＊

[例題 3-1]　2年後の 1,000,000 円の現在価値を年利率（割引率）6％で計算しなさい。

〔解答〕

$$1,000,000 \times \frac{1}{(1+0.06)^2}$$

$= 1,000,000 \times 0.8900$　　〔⇐現価係数表より〕

$= 890,000$ 円

なお，毎年継続して支払われる確定金額を年金と呼ぶ。この年金が $n$ 年間

毎年等額 $R$ の場合には，年利率 $r$ として，その年金現在価値合計 $P$ は，等比数列の和を求める公式を用いて，次式のようになる。

$$P = R(1+r)^{-1} + R(1+r)^{-2} + R(1+r)^{-3} + \cdots\cdots + R(1+r)^{-n}$$

$$= R \sum_{k=1}^{n} (1+r)^{-k}$$

$$= R \frac{1-(1+r)^{-n}}{r} \qquad \cdots\cdots (3)$$

上式で，$\frac{1-(1+r)^{-n}}{r}$ を，年金現価係数（複利年金現価率）といい（$a_{\overline{n}|r}$ と記入することもある），$r$ と $n$ の種々の値に対して計算した結果の表を，年金現価係数表（複利年金現価表）という。年1円 $n$ 年間の現在価値（年1円の年金現在価値合計）とみることもできる。**表3－3**は，その一部である[7]。

＊　　　　＊　　　　＊

**[例題 3-2]** 毎年末に 1,000,000 円ずつ3年間にわたって受け取る金額の現在価値合計を求めなさい。ただし，年利率5％とする。

〔解説と解答〕

① 現価係数表（**表3－2**）を利用する方法

$T_0$ を現時点，$T_k (k=1 \sim 3)$ を各年度末として，$r=5\%$，$n=1 \sim 3$ の交点の現価係数を用いて，次のように計算できる。

```
                T₀       T₁        T₂         T₃
 1,000×0.9524＝  952.4 ←1,000
 1,000×0.9070＝  907.0 ←─────── 1,000
 1,000×0.8638＝  863.8 ←──────────────── 1,000
               ───────
               2,723.2 千円
```

② 年金現価係数表（**表3－3**）を利用する方法

$r=5\%$，$n=3$ の交点の年金現価係数 2.7232 を用いて，次のように計算できる。

　1,000×2.7232＝2,723.2 千円

## 第3節　長期経営意思決定
### ——DCF法による収益性の測定

**(1) 資本コスト**

　設備投資計画案のように，現行キャパシティの変更を伴う経営の基本構造に関する戦略的意思決定（strategic capacity decision）とは，終了時点を想定した全体計算を現時点で行う長期の経営意思決定である。また，長期経営計画と密接にかかわるので，資本予算（capital budgeting）と呼ばれることもある。設備投資案の優劣を評価するには，キャッシュ・フローの現在価値計算，すなわち割引計算を行う。この方法をDCF法（discounted cash flow method）という。この時，資本コストの概念が重要になる。

　資本コストとは，設備投資に必要な資金のコストのことをいう。設備投資案の採否に関する意思決定においては，その資本コストを上回る利益をもたらすか否かが問題になる。考慮の対象になっている投資案の資本コスト率は，企業にとって必要な最低投資利益率を意味する[8]。なお，投資案別に資本コスト率を予想することも可能である。しかし，全社的な最適資本構成を想定したもとで資本コストを決定するならば，調達源泉別資本コストの加重平均コストで計算するのが通常である。

　　　　　　　　＊　　　　　　＊　　　　　　＊

**例題 3-3**　　ＴＲ社の資本に関する次の資料から，資本コスト率を計算しなさい。
  1． 負債比率は75％，株主資本比率は25％である。
  2． 負債の支払利子率は10％である。
  3． 配当や株価などから推定した株主資本の資本コスト率は8％である。
  4． 税（法人税・住民税）率は40％である。

〔解説と解答〕

　負債の資本コスト率は，支払利子が営業外費用として経費（損金）に計上さ

れるので，実質的には，10%×(1−0.4)=6%になる。

株主資本の資本コスト率はそのまま8%であるから，全社的な資本コスト率は，加重平均して6.5%(=6%×0.75+8%×0.25)になる。

| 調達源泉 | 構成割合 | 資本コスト率 | 加重平均コスト率 |
|---|---|---|---|
| 負　債 | 75% | 6% | 4.5% |
| 株主資本 | 25% | 8% | 2.0% |
| | 100% | | 6.5% |

## (2) キャッシュ・フローの予測

長期の設備投資案の現金流出入額（キャッシュ・アウトフローとキャッシュ・インフロー）は，財務会計上の費用（原価）・収益の概念とは一致しない。キャッシュ・フローを予測する際には，いくつかの仮定が必要である。

まず，初期投資額としてのキャッシュ・フローは，現時点で，すべて現金購入すると想定した固定資産の取得原価（付随して発生する副費を含む）でよい[9]。

年々のキャッシュ・フロー予測では，インフローは当該投資によって発生する売上高（営業収益）でよい[10]。アウトフローは現金で支払われる営業費用に法人税を加える。減価償却費のように，現金の支出をともなわない費用はアウトフローに入らない[11]。さらに，キャッシュ・フローが一定時点（通常は期末）に一括して発生すると仮定する方が，計算上は容易である。

なお，投資の満了時には，固定資産の処分にかかわるキャッシュ・フローの予測が必要である。もし売却するのであれば，処分価額は現金が入ってくるだろうからインフローであるし，その結果生じる固定資産売却損益が法人税に与える影響も予測する必要がある。

＊　　　＊　　　＊

**例題 3-4**　$t$期に発生する予想増分キャッシュ・フロー（$CF_t$）を，財務会計上の概念である次の記号を用いて，一般式で示しなさい。

$S_t$：$t$期の製品売上収入

$C_t$： $t$ 期の製造・販売に要する原材料費・労務費などの現金支出費用
$D_t$： $t$ 期の減価償却費（＝非現金支出費用）
$r_t$： $t$ 期の法人税率

〔解説と解答〕

$CF_t$ ＝〔財務会計上の税引前純利益〕－法人税＋減価償却費
　　　＝〔財務会計上の税引前純利益〕$(1-$法人税率$)$＋減価償却費
　　　＝$(S_t - C_t - D_t) \times (1 - r_t) + D_t$
　　　＝$(S_t - C_t) \times (1 - r_t) + r_t \times D_t$ ……… (4)

ここで，$r_t \times D_t$ をタックス・シールズ（tax shield）と呼ぶ。減価償却費の損金算入が認められているため，税金としての現金の流出をその分だけ回避できるという意味である。

## (3) 正味現在価値法

投資案の優劣を判定する方法に，正味現在価値（net present value: NPV）法がある。

概念的には，年々のキャッシュ・インフローの合計額からキャッシュ・アウトフローの合計額を差し引いた金額（貢献期間全体の正味キャッシュ・フロー）の大小でもって判定する方法である[12]。

$P_k$ を $k$ 年末におけるキャッシュ・インフロー，$n$ をキャッシュ・インフローの発生する期間，$I_k$ を $k$ 年末におけるキャッシュ・アウトフロー（設備投資が何回かに分けて行われることを含む），$m$ をキャッシュ・アウトフローの発生する期間とおけば，投資案の貢献年全体の正味キャッシュ・フローは次式のように示すことができる。

$$\sum_{k=1}^{n} P_k - \sum_{k=0}^{m} I_k \qquad \text{……… (5)}$$

なお，$P_k'$ を $k$ 年末における正味キャッシュ・フロー（キャッシュ・インフローからキャッシュ・アウトフローを差し引いた額），$I_0$ を初期投資額とおけば，次式のように示すこともできる。実際の投資案件では，この式の方が現実的であり，実践的である。

$$\sum_{k=1}^{n} P_k' - I_0 \qquad \cdots\cdots\cdots(6)$$

　この方法（以降，本書では正味キャッシュ・フロー法と呼ぶ）においては，時間価値を考慮していない。前記したように，長期経営意思決定では，時間価値を考慮するDCF法を用いるべきである。正味キャッシュ・フロー法に時間価値を考慮すれば，正味現在価値法になる。すなわち，投資によって生じる年々のキャッシュ・インフローを資本コスト率で割り引くことによって計算した現在価値合計から，投資に必要なキャッシュ・アウトフローを資本コスト率で割り引くことによって計算した現在価値合計を差し引いた金額，すなわち正味現在価値で投資案の優劣を判断することになる。正味現在価値の金額が大きければ大きいほど，企業にとって有利な投資案である。少なくともプラスの値が出れば，現状よりは収益性が増大する。

　$c$ を資本コスト率とおけば，前述の $P_k$ を用いて，投資案の正味現在価値（NPV）は一般的に，次式のように示すことができる。

$$\mathrm{NPV} = \sum_{k=1}^{n} \frac{P_k}{(1+c)^k} - \sum_{k=0}^{m} \frac{I_k}{(1+c)^k} \qquad \cdots\cdots\cdots(7)$$

あるいは，

$$\mathrm{NPV} = \sum_{k=1}^{n} \frac{P_k'}{(1+c)^k} - I_0 \qquad \cdots\cdots\cdots(8)$$

　正味キャッシュ・フロー法は，正味現在価値計算において時間価値を考慮しない。もしくは，資本コスト率をゼロと想定している[13]。その意味からは，正味キャッシュ・フロー法も正味現在価値法の一種とみることも可能であるが，通常は正味キャッシュ・フロー法を正味現在価値法と呼ばない[14]。しかし，正味現在価値の概算を得るためには有益な方法であり，何よりも計算の容易性は大きなメリットである。

＊　　　　＊　　　　＊

**例題 3-5**　ＴＲ社では，新製品の製造・販売計画にＡ案とＢ案がある。Ａ案では，現時点で4,000,000円の設備投資をすると，毎年度末に新製品の売上

収入から原材料・労務費などの現金費用を差し引いた正味現金収入が，5年にわたって毎期1,055,200円ずつ得られると予想できる。B案では，現時点で同じく4,000,000円の設備投資をすると，第1年度末に50,000円，第2年度末に100,000円，第3年度末に1,000,000円，第4年度末に1,400,000円，第5年度末に3,240,000円の正味現金収入が得られると予想できる。A案とB案の正味現在価値を求めなさい。ただし，資本コスト率は，将来のインフレ率やリスク等を考慮して7％である。

〔解説と解答〕

投資案は，次のように要約できる（括弧はキャッシュ・アウトフローを意味する。単位：千円）。

|  | $T_0$ | $T_1$ | $T_2$ | $T_3$ | $T_4$ | $T_5$ |
|---|---|---|---|---|---|---|
| A案 | (4,000) | 1,055.2 | 1,055.2 | 1,055.2 | 1,055.2 | 1,055.2 |
| B案 | (4,000) | 50 | 100 | 1,000 | 1,400 | 3,240 |

正味キャッシュ・フロー法によれば，時間価値を考慮しないので，次のように単純な計算で，B案の方が好ましい投資案であるといえよう。

A：$1,055.2 \times 5 - 4,000 = 1,276$ 千円

B：$50 + 100 + 1,000 + 1,400 + 3,240 - 4,000 = 1,790$ 千円

時間価値を考慮するならば，表3-2の現価係数表を用いて，次のように計算できる（千円未満四捨五入）[15]。すなわち，正味現在価値法によれば，B案の方が，正味現在価値がわずかではあるが大きいので，優れた投資案であるということになる。

A：$1,055.2 \times 0.9346 + 1,055.2 \times 0.8734 + 1,055.2 \times 0.8163$
$+ 1,055.2 \times 0.7629 + 1,055.2 \times 0.7130 - 4,000 \fallingdotseq 327$ 千円

B：$50 \times 0.9346 + 100 \times 0.8734 + 1,000 \times 0.8163$
$+ 1,400 \times 0.7629 + 3,240 \times 0.7130 - 4,000 \fallingdotseq 329$ 千円

### (4) 内部利益率法

正味現在価値法が金額計算であったのに対し，比率計算をするのが内部利益

率 (internal rate of return: IRR) 法である。

　年平均の正味キャッシュ・フローを年平均の投資額でもって割れば，時間価値を考慮しない（平均）単純投資利益率（time-unadjusted rate of return）が，次式でもって得られる。

$$\frac{(\Sigma P_k - \Sigma I_k)/n}{\Sigma I_k/2} \qquad \cdots\cdots(9)$$

あるいは，

$$\frac{(\Sigma P_k' - I_0)/n}{I_0/2} \qquad \cdots\cdots(10)$$

このような時間価値を考慮しない利益率を求める方法を，通常は内部利益率法と呼ばない（ただし，正味キャッシュ・フロー法と同様で，時間価値を考慮した利益率を求めるための概算を得るためには利用できる）。たとえば，次の$B_1$案の場合，キャッシュ・インフローの合計額がB案と同じであるため，両案の単純投資利益率は同じである（正味キャッシュ・フローの計算も，両案は同じである）。しかし，$B_1$案は早期のインフローが多い分だけ収益性が高いと想像できる。

| | $T_0$ | $T_1$ | $T_2$ | $T_3$ | $T_4$ | $T_5$ |
|---|---|---|---|---|---|---|
| $B_1$案 | (4,000) | 3,240 | 1,400 | 1,000 | 100 | 50 |

　内部利益率法とは，時間価値を考慮した真の投資利益率（time-adjusted rate of return）を求めて資本コスト率と比較する方法である。投資によって生じる年々のキャッシュ・インフローの現在価値合計と，その投資に必要なキャッシュ・アウトフローの現在価値合計がちょうど等しくなる割引率を求める。すなわち，次の(11)あるいは(12)式が成立するような内部利益率 $r$ である。

$$\sum_{k=1}^{n} \frac{P_k}{(1+r)^k} = \sum_{k=0}^{m} \frac{I_k}{(1+r)^k} \qquad \cdots\cdots(11)$$

あるいは，

$$\sum_{k=1}^{n} \frac{P_k'}{(1+r)^k} = I_0 \qquad \cdots\cdots (12)$$

　この利益率が高ければ高いほど，優れた投資案である。そして，資本コスト率よりも高ければ，採用すべきであるということになる。

＊　　　　＊　　　　＊

**[例題 3-6]**　　例題 3-5 で，A 案と B 案の内部利益率を求めなさい。

〔解説と解答〕

　A 案の内部利益率は，次式から $r$ を求めればよい。

$$\frac{1,055.2}{(1+r)} + \frac{1,055.2}{(1+r)^2} + \frac{1,055.2}{(1+r)^3} + \frac{1,055.2}{(1+r)^4} + \frac{1,055.2}{(1+r)^5} = 4,000$$

すなわち，

$$\frac{1}{(1+r)} + \frac{1}{(1+r)^2} + \frac{1}{(1+r)^3} + \frac{1}{(1+r)^4} + \frac{1}{(1+r)^5} = \frac{4,000}{1,055.2} = 3.7908$$

であるから，**表 3-3** で，$n=5$ の年金現価係数 3.7908 から，$r=10\%$ とわかる。

　B 案の内部利益率は，次式の $r$ を求めることになる。

$$\frac{50}{(1+r)} + \frac{100}{(1+r)^2} + \frac{1,000}{(1+r)^3} + \frac{1,400}{(1+r)^4} + \frac{3,240}{(1+r)^5} = 4,000$$

　A 案と異なり，**表 3-3** が利用できない。そこで，まず単純投資利益率を次のように計算する。

$$\frac{(50+100+1,000+1,400+3,240-4,000)/5}{4,000/2} = 17.9\%$$

次に，17%前後の率で左辺の式を**表 3-2** を用いて計算し，右辺の 4,000 に最も近い率を試行錯誤的に求めることになる[16]。$r=9\%$ のとき，左辺は 4,000 千円（千円未満四捨五入）であるから，B 案の内部利益率は 9% であるとわかる。

## ⑤　意思決定モデルの比較と経営管理者の判断

　正味現在価値法と内部利益率法の基本的な考え方は，時間価値を考慮して収

益性を測定しようとするという意味では本質的に同じである[17]。正味現在価値をゼロにする割引率が内部利益率である。正味現在価値法は資本コストを超える金額の大小によって投資案を判断する。内部利益率は資本コスト率を超える比率の大小によって判断する。A案において，横軸に割引率をとり，縦軸に正味現在価値をとれば，正味現在価値が割引率に応じてどのように変化するのかが，NPV線として図3-1のように図示できる。NPV線と横軸の交点がIRRの10％に相当する。Y切片の1,276千円は，正味キャッシュ・フローの金額である。

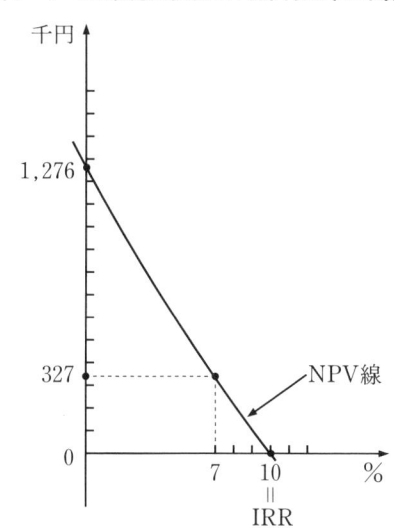

図3-1　正味現在価値と内部利益率の関係

規模の異なるプロジェクトの比較には，比率で比較できる内部利益率法が優れているのかもしれない。しかし，設備投資計画の場合，あまりに規模の異なるプロジェクトの比較はないであろう。むしろ，ほぼ規模の同等のプロジェクト，すなわち相互排他的投資案の比較のような場合で考慮すべきである。

ところが，両方法によって，投資案の優劣が異なってしまう可能性がある。例題3-5のA案とB案でみると，正味現在価値法ではB案の方が優れており，内部利益率法ではA案の方が優れている。

|  | A案 | | B案 |
|---|---|---|---|
| 正味現在価値法 | ¥327,000 | ＜ | ¥329,000 |
| 内部利益率法 | 10% | ＞ | 9% |

これは，**図3-2**のように，A案の正味現在価値（$NPV_A$）線とB案の正味現在価値（$NPV_B$）線を描けば，容易に理解できる。資本コスト率が$r'$までは，B案の方がA案よりも正味現在価値が大きい。$r'$を超えると，A案の方が正味現在価値が大きくなる。

結局は，経営管理者が金額と比率のどちらに重点をおくのかが問題となる。設備投資案を採用した結果，利益が増大することに関心があるならば，NPVが好まれる。利益率が上昇することに関心があるならば，IRRが望まれる。なお，割引計算にそれほどの興味をもたなければ（もっと簡易なものを欲するのであれば），時間価値を考慮しない正味キャッシュ・フロー法や単純投下資本利益率法も管理会計技法として利用価値はある。

さらに，経営管理者は必ずしも収益性のみを目標にしているわけではない。回収期間が短い投資案の方が，長い投資案よりも安全である。

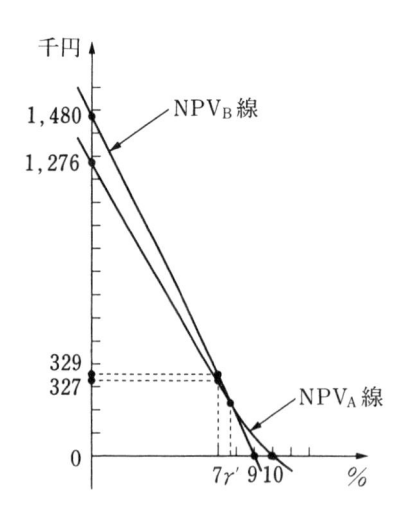

**図3-2　正味現在価値線の比較**

第3章 問題解決のための管理会計 61

安全性の測定に利用できる代表的な方法に回収期間法（cash payback method）がある。巨額の設備投資のような場合には，特に収益性よりも安全性が重視される傾向がある[18]。時間価値を考慮しない単純回収期間の式は，投資に必要な増分現金流出額を年々の平均現金流入額でもって割ればよいのであるから，次のとおりになる[19]。

$$\frac{\Sigma\ I_k}{\Sigma\ P_k/n} \qquad \cdots\cdots\cdots(13)$$

あるいは，

$$\frac{I_0}{\Sigma\ P_k'/n} \qquad \cdots\cdots\cdots(14)$$

## 第4節　短期経営意思決定

戦略的意思決定では，終了時点を想定した全期間計算を現時点でじっくり情報を収集した上で行う必要がある。長期にわたるため，時間価値を考慮する方が優れている。

しかし，現行キャパシティを前提とした個々の業務執行的意思決定（operating decision）（第1節のスキーに出かける例は，長期に利用する車を購入するか否かの決定ではなかったので，こちらのタイプである）は，即座に決定しなければならない一時点での短期経営意思決定であるから，時間価値を考慮する必要はない。このような意思決定には，フル操業に達していない状況での注文引受可否の決定や遊休生産能力をもっている状況で部品を自製するか外注するかの決定などがあげられる。代替案のキャッシュ・フローもおおざっぱに見積もればよい。たとえば，注文引受（案）によって発生する売上高の増加はすべて現金収入であり，費用の増加も現金支出であると仮定するのである。

|  | 長期経営意思決定 | 短期経営意思決定 |
|---|---|---|
| ①会計実体 | 個別プロジェクト | 個別プロジェクト |

|              | （投資案）              | （代替案）              |
|--------------|------------------------|------------------------|
| ②実体の性質 | 一回限り               | 一回限り               |
| ③会計期間   | 予想貢献年数全体       | 一時点                 |
| ④費用・収益 | 時間価値を考慮した<br>予想増分現金流出入額 | 時間価値を考慮しない<br>予想増分現金流出入額 |

＊　　　　　＊　　　　　＊

**例題 3-7**　ＴＲ社の現在の操業度は80％である。いま，新規の顧客ＳＴ社から，＠70円の価格で1万個の特別注文を受けた。下記の資料を参考にして，この注文を引き受けるべきかどうかを検討しなさい。

| 操業度 | 生産量<br>(販売量) | 販売単価 | 売上高 | 営業費用 | 平均費用 | 営業利益 |
|--------|--------|--------|--------|--------|--------|--------|
| 70%  | 7万個 | ＠96円 | 672万円 | 560万円 | ＠80円 | 112万円 |
| 80   | 8     | 90    | 720    | 600    | 75    | 120    |
| 90   | 9     | 85    | 765    | 657    | 73    | 108    |
| 100  | 10    | 78    | 780    | 720    | 72    | 60     |

〔解答〕

営業利益が13万円増加すると予想できるので，注文を引き受けるべきである。ただし，従来からの他の得意先には＠90円で販売できるという仮定のもとである。

〔解説〕

売上高の増加がキャッシュ・インフロー，営業費用の増加がキャッシュ・アウトフローと想定すれば，営業利益の増加が正味のキャッシュ・フローである。注文を引き受けたならば，この営業利益が増加するか否かで判断すればよいことになる。

ＴＲ社の現在の操業度が80％であるのは，そのときの営業利益が120万円と他の操業度の時よりも多いからである（ゆえに，経営計画を策定する際には，8万個の生産を予定するのは合理的である。そのときの平均費用は＠75円である）。ＳＴ社からの特別注文1万個を引き受けて操業度が90％になった場合，営業費用は600万円から657万円まで上昇すると予想できる。すなわち，

この1万個を生産販売することによって増加すると予想される費用の増加額は，たかだか57万円である。70万円の売上高増加を見込めるこの特別注文を引き受けるべきであるということになる。経営管理者は，平均費用や現行販売価格にもとづいてこの意思決定をすべきではない。差額収益と差額費用を比較し，差額利益の大小によって意思決定すべきである。

表3－4は，引き受ける案と引き受けない（拒否）案を比較したものである。

**表3－4　注文引受可否の決定**

|  | 引　受 | 拒　否 | 差　額 |
|---|---|---|---|
| 売 上 高 | @90×8万個＝720万円 | @90×8万個＝720万円 |  |
|  | @70×1万個＝ 70万円 | ― |  |
|  | 790万円 | 720万円 | 70万円 |
| 営業費用 | 657万円 | 600万円 | 57万円 |
| 営業利益 | 133万円 | 120万円 | 13万円 |

ただし，ＳＴ社には@70円で販売するが，従来の他の得意先には@90円で販売できるという仮定が必要である。もし，他の得意先への販売価格に影響がでる（具体的には値下げせざるを得なくなる）ならば，その点を分析計算に含めなくてはならない。

**＜注＞**
1) ヴェニスは，シェークスピアの代表作のひとつである『ヴェニスの商人』の舞台である（貸金業者と商人が登場する）。
2) 会社（カンパニー）(company) の語源は，「パン」（パーニャー：panis）を「ともにする」（コン：com）という意味をもつ，中世イタリアの「コンパーニャ（companio）」である。
3) 東方貿易による巨大な利益を文学や芸術の育成に注ぎ，ルネッサンスの花を咲かせたフィレンツェのメディチ家（ミケランジェロを援助し，ダンテ，ラファエロ，ボッカチオ，レオナルド・ダ・ヴィンチら芸術家を育てた）の紋章は，6個のペパーコーン（胡椒の実）を模したものである。当時のヨーロッパでは，香料，特に胡椒は珍重された。

4) 企業と家計の分離（会計単位），期間計算，貨幣単位による表現は，簿記の基本的前提である（高松・鳥居・藤田，2009，pp. 2-3）。
5) 岡教授は，設備投資プロジェクトの損益計算を，「どちらかといえば，現代企業の損益計算よりも〔中世イタリアの〕冒険企業の損益計算に近いといえる」と表現している（岡本，2000，p. 741）。
6) 期間中に元金から生じた利息を元金に繰り入れた元利合計を次期の新元金として，次期の利息を計算する方法を複利法という。
7) 詳細な数値表については，佐々木（1953）あるいは久武＆佐藤（1970）を参照されたい。なお，n＝∞のときの年金現価係数は$\frac{1}{r}$になる。この係数は，永続的に投資を続ける予定の設備など，貢献年数が確定できない場合に利用できる。
8) インフレ率などの一般的経済状態やリスク管理なども考慮に入れた企業の目標利益にもなりうる。
9) その投資によって不要となる固定資産があれば，その処分価額はインフローになり，その結果生じる固定資産売却損益が法人税に与える影響（利益が発生すれば，その分だけ現金で支払う法人税が増加するので，アウトフローとして追加するし，逆に，損失が発生するならば，法人税の支払いによる現金支出の節約になるので，インフローになる）も予測しなくてはならない。
10) 厳密には，売上高のうち現金による入金分であろうが，長期の予想をする際，売上高はすべて現金によるとしても大きな問題はない。
11) 支払利息は，資金調達の意思決定では重要な要素ではあるが，設備投資の意思決定では含めない。含めると，投資案が負債による資金調達を前提とするからである（資本コストが加重平均コストによって計算されることを想起されたい）。
12) 厳密には，貢献期間全体の正味キャッシュ・フローが資本コストをカバーできるかどうかで判断することになる。
13) ＮＰＶの式で，$c=0$とおけば，正味キャッシュ・フローの式に一致する。
14) 正味キャッシュ・フロー法を（time-unadjusted net present value）と記述することは可能である。
15) Ａ案は，表3-3の年金現価係数表を用いて計算することができる。

　　　　Ａ：$1,055.2 \times a_{\overline{5}|7} - 4,000 = 1,055.2 \times 4.1002 - 4,000 ≒ 327,000$ 円

16)　5次方程式を解いてもよい。
17)　内部利益率法の計算では，毎期のキャッシュ・フローが一定額でないB案のような場合，計算そのものが複雑になるという欠点をもつ。
18)　超長期設備投資の意思決定における留意点については，鳥居（1989）を参照されたい。
19)　例題3-5のA案の単純回収期間は，次のように3.79年である。

$$\frac{4,000}{(1,055.2+1,055.2+1,055.2+1,055.2+1,055.2)/5} \fallingdotseq 3.79 \text{年}$$

　B案の単純回収期間は，公式にあてはめれば3.45年と計算できる。しかし，第1年度に50千円，第2年度に100千円，第3年度に1,000千円，第4年度に1,400千円の正味現金収入額であるから，4年目まででは2,550千円回収できているにすぎない。むしろ，5年目にやっと回収できる案である。補間法で計算すれば，約4.45年となる。

$$4+\frac{4,000-2,550}{5,790-2,550} \fallingdotseq 4.45 \text{年}$$

　時間価値を考慮するならば，正確には，次式が $n=n'$ において成立したとき，この $n'$ が回収期間である。

$$\sum_{k=1}^{n}\frac{P_k}{(1+c)^k} - \sum_{k=0}^{m}\frac{I_k}{(1+c)^k} = 0 \qquad \cdots\cdots\cdots(15)$$

あるいは，

$$\sum_{k=1}^{n}\frac{P_k'}{(1+c)^k} - I_0 = 0 \qquad \cdots\cdots\cdots(16)$$

　例題3-5のA案の回収期間は，$r=7\%$のときの正味現金収入額の現在価値累計を計算し，4年で3,574千円，5年で4,327千円回収できることから，4,000千円回収できる年数を補間法により約4.57年と求める。

　　　　1年　　　986　　⇐　1,055.2×0.9346≒986
　　　　2年　　1,908　　⇐　1,055.2×0.8734≒922
　　　　3年　　2,769　　⇐　1,055.2×0.8163≒861
　　　　4年　　3,574　　⇐　1,055.2×0.7629≒805
　　　　5年　　4,327　　⇐　1,055.2×0.7130≒753*

$$4+\frac{4,000-3,574}{4,327-3,574} \fallingdotseq 4.57 \text{年}$$

B案も同様にして，4,000千円回収できる年数を約4.86年と計算できる。

| 1年 | 47 | ⇔ | 50×0.9346≒ | 47 |
| 2年 | 134 | ⇔ | 100×0.8734≒ | 87 |
| 3年 | 951 | ⇔ | 1,000×0.8163≒ | 817* |
| 4年 | 2,019 | ⇔ | 1,400×0.7629≒ | 1,068 |
| 5年 | 4,329 | ⇔ | 3,240×0.7130≒ | 2,310 |

$$4+\frac{4,000-2,018}{4,329-2,018}≒4.86\text{年}$$

\* 総計計算での誤差調整のため千円未満切上げ

## ◇ 練習問題

**3-1** キャッシュ・フローを次のように要約できる投資案 $H_1$〜$H_4$ の正味現在価値と内部利益率を計算しなさい（金額単位は万円）。ただし，資本コスト率は7％とする。

|  | $T_0$ | $T_1$ | $T_2$ | $T_3$ | $T_4$ | $T_5$ |
|---|---|---|---|---|---|---|
| $H_1$ | (3,791) | 1,000 | 1,000 | 1,000 | 1,000 | 1,000 |
| $H_2$ | (3,791) | 400 | 600 | 1,000 | 1,300 | 1,700 |
| $H_3$ | (3,791) | 1,800 | 1,400 | 1,000 | 610 | 190 |
| $H_4$ | (4,000) | 1,270 | 1,730 | 1,000 | 700 | 300 |

**3-2** 次の計画案（新設備購入案）の正味現在価値を求めなさい。

取得原価：500万円　　耐用年数：5年　　5年後の残存価額：0円
資本コスト率：9％　　法人税率：40％　　減価償却方法：定額法
毎年の費用節約額（税引前現金流入額に相当し，年度末に一括して発生すると仮定）：200万円

**3-3** 初期投資額が6,084千円，予想貢献年数が4年，税引後正味現金流入額（各年度末に一括して発生するものと仮定する）が下記のような投資プロジェクトの内部利益率を計算しなさい。

| 1年目 | 2,000千円 |
| 2年目 | 4,000千円 |
| 3年目 | 2,000千円 |

4 年目　　　　1,000 千円

3-4　初期投資額 6,074,600 円，予想貢献年数 4 年，税引後正味現金流入額（各年度末に一括して発生するものと仮定する）が毎年 2,000,000 円のプロジェクト案に関して，内部利益率および正味現在価値を求めなさい。ただし，資本コスト率は 8％とする。

3-5　次の新設備投資案の正味現在価値を求めなさい。
　　①取得原価　　　　400 万円　　　②減価償却方法　　定額法
　　③耐用年数　　　　4 年　　　　　④4 年後の残存価額　ゼロ
　　⑤法人税率　　　　40％　　　　　⑥資本コスト率　　10％
　　⑦税引前正味現金流入額（年度末に一括発生するものと仮定する）
　　　　1 年目と 2 年目　　各 150 万円
　　　　3 年目と 4 年目　　各 200 万円

3-6　現在の生産（販売）量は 20,000 単位（操業度 80％）で，売上高は 140 万円（販売単価 70 円），総費用は 100 万円（平均単位費用 50 円）である。いま，@40 円の価格で 2,000 単位の特別注文があった場合，引き受けるべきか否かを根拠も示して判断しなさい。ただし，生産（販売）量が 22,000 単位になったときの平均単位費用は 48 円であると予想される。

## ◇研究問題

3-1　正味現在価値法と内部利益率法のバリエーションを考えてみよう。
　〔ヒント〕　キャッシュ・インフローとアウトフローの差額でなく割合計算もできる。投資規模の異なるプロジェクトの比較に利用できる。キャッシュ・フローの予測に確率分布の仮定を導入することも可能である。

3-2　DCF 法は実態調査において実務的にあまり利用されていないと言われている。その理由を推察してみよう。

3-3　パソコンの表計算ソフト（MS エクセルなど）を用いて，例題 3-5 の A 案と B 案の正味現在価値と内部利益率を計算しなさい。
　〔ヒント〕　関数の財務にある NPV と IRR が利用できる。

3-4　貢献年数 5 年の初期投資額 4,000,000 円のプロジェクトで，内部利益率

が10％を確保できるためには，毎期末のキャッシュ・フローがどの程度必要であるか。

〔ヒント〕 一定額の場合は，**表3－3**から，1,055,186円(≒4,000,000/3.7908)と計算できる。不定額の場合は，試行錯誤で求めざるを得ないが，MSエクセル等の表計算ソフトを用いれば(研究3-3参照)，シミュレーションすることができる。

**3-5** MG社の白金工場では，生産能力のほぼ等しい2つの機械FとNのどちらを購入すべきかを検討している。以下の1.～6.から，いずれを購入すべきかを決定しなさい。

1. 機械Fの購入価額は32,000,000円で，経済的貢献年数（税法上の耐用年数に等しいものと仮定する）は2年，年間稼働現金支出費用は19,000,000円である。
2. 機械Nの購入価額は40,000,000円で，経済的貢献年数（税法上の耐用年数に等しいものと仮定する）は3年，年間稼働現金支出費用は20,000,000円である。
3. F，Nとも貢献期間終了時に廃棄され，同一のものが反復購入されるものと仮定する。
4. 減価償却は，残存価額をゼロとする定額法で償却する。
5. 資本コスト率は8％である。
6. 法人税率は40％である。

〔ヒント〕 耐用年数の異なる相互排他的投資案の比較である。F，Nの耐用年数の最小公倍数6年間で，税引後現金支出費用の現在価値合計を比較すればよい。金額の低い方が有利である。

**3-6** スバル自動車工業では，新車を製造販売する新規設備投資を企画している。以下の1.～6.から，この投資案の内部利益率を計算しなさい。

1. 設備投資額は800億円，経済的貢献年数（税法上の耐用年数に等しいものと仮定する）は5年である。
2. この投資案を採用すれば不要となる旧設備の売却見積額は3億円であり，その帳簿上の価格は2億円である。

3. この投資による各年度末に発生する増分キャッシュ・フローは次のように見積もられた。

|  | $T_1$ | $T_2$ | $T_3$ | $T_4$ | $T_5$ |
|---|---|---|---|---|---|
| 新車販売価格（千円） | 3,000 | 3,000 | 2,800 | 2,500 | 2,000 |
| 新車販売量（台） | 40,000 | 42,000 | 45,000 | 50,000 | 30,000 |
| 年間現金支出額（億円） | 920 | 990 | 1,080 | 1,045 | 550 |

4. 減価償却は，償却率 0.200 の定額法で償却する。
5. 資本コスト率は 6％である。
6. 法人税率は 40％である。

**3-7** MG 社横浜工場では，FMS（Flexible Manufacturing System）の導入を検討している。FMS の取得原価は 20 億円，見積耐用年数は 20 年，20 年後の予想売却価額は 2 億円である。もし，この FMS を導入すれば労務費の節約は予想できるが，労務費以外の維持費として年間新たに 3,100 万円ずつ発生すると見積もられた。この場合，年間いくら以上の労務費が節約できるならば，この機械を導入するのが有利であろうか。ただし，この機械の減価償却は定額法を利用し，経済的貢献年数は税法上の耐用年数と等しく，資本コスト率は税引後で 6％とする。

〔ヒント〕 年間の労務費節約額を $X$ とおけば，年々の正味キャッシュ・フローは $(X-31,000)$ 千円である。$r=6\%$，$n=20$ 年の現価係数（**表 3－2**）と年金現価係数（**表 3－3**）を用いて，NPV が正になるような $X$ を求めればよい。

**3-8** MG 社では来月，製品 H を 90,000 個の生産販売する見込みであり，そのときの売上高は 90,000 千円であり，営業費用の合計は 72,000 千円（内訳：変動製造費用 40,500 千円，固定製造費用 18,000 千円，変動販売費 2,700 千円，固定販売費および一般管理費 10,800 千円）である。いま，新規の顧客 T から 1 個あたり 500 円の価格で 20,000 個の特別注文が入った場合，この注文を引き受けるべきであるか否かを判断しなさい。ただし，この注文を引き受けても，新たな設備投資の必要はなく，販売費および一般管理費も追加的には発生しないものと仮定する。

〔ヒント〕 このような取引を実際に引き受けるか否かには，公正取引に関

する法律上の問題や，これまでの顧客への影響などの条件も考慮する必要がある。

# 第4章
# 短期経営計画のための管理会計

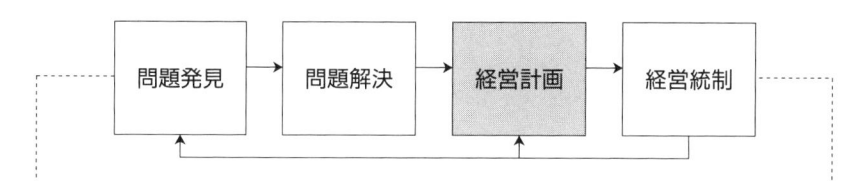

問題発見 → 問題解決 → **経営計画** → 経営統制

## キーワード

大綱的利益計画，CVP分析，損益分岐点，限界利益，限界利益率，線型計画法，変動費，固定費，正常操業圏，最小自乗法，回帰分析，正規方程式，原価態様，固変分解，直接原価計算，貢献利益，全部原価計算，業務予算，総合予算，財務予算，資本予算，予算委員会，固定予算，変動予算，原価標準，資金，資金収支表

### ❖本章の要約❖

1. 短期利益計画においては，C－V－Pの関係が重要であり，売上高から変動費を差し引いた差額である限界利益概念が，管理会計上は有用である。
2. 大綱的利益計画とは，長期経営計画にもとづいて策定される大まかな短期利益計画である。
3. 大綱的利益計画にもとづいて，予算は編成される。
4. 大綱的利益計画を経常的な会計制度において行ったものが，直接原価計算である。
5. 業務予算では，最終的に見積損益計算書を作成する。
6. 財務予算では，見積貸借対照表を作成することになる。
7. 予算編成プロセスにおいては，予算委員会とともに，企画部あるいは経理部予算課などのスタッフ部門の役割が重要である。
8. 予算は，企業目標であると同時に，経営統制の道具になる。
9. 資金計画では，事業活動に伴う収支と資金調達に伴う収支を区別する。
10. 資金が過剰になると予想されるときには，資金の運用方法が検討される。
11. 資金が不足すると予想されるときには，資金の調達方法が検討される。

# 第1節 大綱的利益計画

## (1) 短期経営計画

経営管理者は，長期経営計画にもとづき，企業全体の短期経営計画を策定する。その中心が利益計画である。短期利益計画は，大綱的利益計画の策定と予算編成段階を経て策定される。ここで，大綱的利益計画とは，長期経営計画にもとづく大まかな短期利益計画である。この際に必要な会計情報を経営管理者に提供することが，管理会計にとって重要である。

長期経営計画 ─────→ 短期経営計画<br>（大綱的利益計画⇒予算編成）

## (2) CVP分析

CVP分析(cost-volume-profit analysis)は，文字どおり，原価・営業量[1]・利益の相互関係を分析することである。具体的には，販売価格，販売量，原価などの諸要素が変化したとき，営業利益がどのように影響を受けるのかをみることである。

＊　　　　＊　　　　＊

**例題 4-1**　ＴＲ社Ｈ事業部の来期の予定損益計算書は，当期の諸条件が維持されるとすれば，次のとおりであった（原案）。①～⑤のような条件の変化を想定した場合，営業利益がいくらになると予想できるか。

予定損益計算書

| | | | | |
|---|---|---|---|---|
| 予定売上高 | @100,000 円 | 3,000 個 | | 300,000 千円 |
| 予 定 原 価 | | | | |
| | 固定費 | 変　動　費 | | |
| 直接材料費 | ― | @30,000 円 | 90,000 千円 | |
| 直接労務費 | ― | @15,000 | 45,000 | |
| 製造間接費 | 48,000 千円 | @10,000 | 30,000 | |
| 販　売　費 | 19,000 | @ 5,000 | 15,000 | |

一般管理費　23,000　　　―　　　　　―
合　計　　　90,000 千円　@60,000 円　180,000 千円　　270,000 千円
予定営業利益　　　　　　　　　　　　　　　　　　　　　30,000 千円

① 販売単価だけを10％引き上げる場合
② 販売量だけを10％増加する場合
③ 販売単価を5％引き下げると販売量が10％増加する場合
④ 直接工賃金上昇のため変動費だけが10％増加する場合
⑤ 産業ロボット導入による減価償却費増加のため固定費だけが10％増加する場合

〔解説と解答〕

各条件のもとで，営業利益を計算すればよい（表4-1参照）。③を除いて，1要因が変化したケースである（大綱的利益計画でCVP分析を利用する際には，諸条件を変化させてシミュレーションしていくことになる）。

表4-1　営業利益の比較　　　　　（単位：百万円）

|  | 原案 | ① | ② | ③ | ④ | ⑤ |
|---|---|---|---|---|---|---|
| 売上高 | @100千円×3千個=300 | 330 | 330 | 313.5 | 300 | 300 |
| －変動費 | @60　　×3　=180 | 180 | 198 | 198 | 198 | 180 |
| －固定費 | 90 | 90 | 90 | 90 | 90 | 99 |
| 営業利益 | 30 | 60 | 42 | 25.5 | 12 | 21 |

売上高10％増という目標を掲げるならば，①と②のような案が考えられる。①のように，販売単価のみの引き上げが可能ならば，売上高の増加が全額営業利益の増加につながる。②のように，販売量の増加では変動費も増加するので，営業利益は①ほど増加しない。

現実には，販売価格と販売量の間には相関関係があるので（価格が上がれば数量は減少するし，価格が下がれば数量は増加すると予想できる），③のような案が，原案と比較して考慮の対象となるであろう。③では，営業利益は減少するので，利益目標に重点があるならば，原価削減が同時に実施されないかぎり，価格引き下げの③は良い案とはいえない。ただし，売上高および販売量は増加するので，これらを目標とするならば，選択されうる案である。

④と⑤は原価10％の変化といっても，変動費か固定費で営業利益の変化が異なることに注目されたい。CVP分析では，原価が変動費と固定費に分割されていることが重要なのである。

なお，①～④では固定費に変化はない。営業利益の変化をみるには，売上高から変動費を差し引いた差額としての利益（これを限界利益と呼ぶ[2]）に注目すればよい（**表4-2**参照）。

**表4-2　限界利益への注目**　　　　　　　　　（単位：百万円）

|  | 原案 | ① | ② | ③ | ④ |
|---|---|---|---|---|---|
| 売 上 高 | @100千円×3千個＝300 | 330 | 330 | 313.5 | 300 |
| －変 動 費 | @ 60　×3　＝180 | 180 | 198 | 198 | 198 |
| 限界利益 | @ 40　×3　＝120 | 150 | 132 | 115.5 | 102 |
| －固 定 費 | 90 | 90 | 90 | 90 | 90 |
| 営業利益 | 30 | 60 | 42 | 25.5 | 12 |

### (3) 損益分岐分析

損益分岐点とは，文字どおり，収益と費用が一致し，（営業）利益がゼロの点である。損益分岐分析 (break-even analysis) は，損益分岐点に関連してCVP

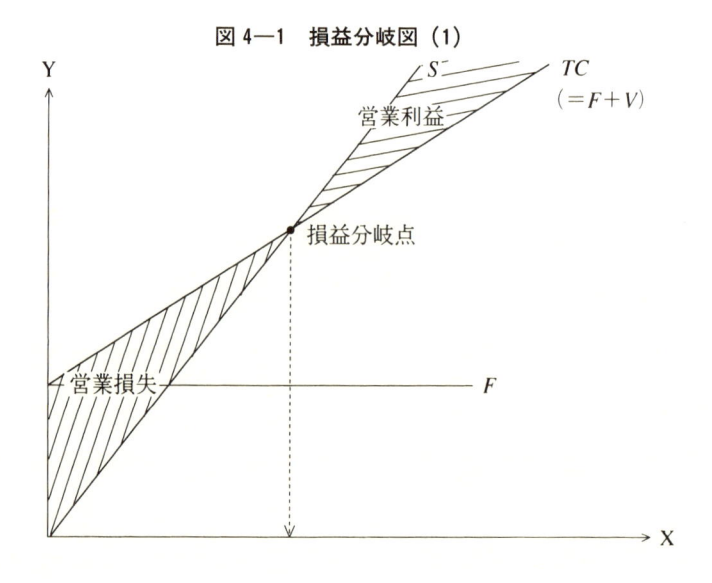

**図4-1　損益分岐図（1）**

分析のために工夫された手法のひとつである。

まず，損益分岐図を描いてみよう。

X（横）軸に営業量をとり，Y（縦）軸に収益あるいは費用をあらわす金額をとる。売上高線[3]を $S$，総費用線を $TC$ で描けば，$S$ と $TC$ の交点が損益分岐点である。$TC$ は固定費線 $F$ に変動費線 $V$ を上乗せした線で示される（図4−1参照）。損益分岐点における営業量を超えれば営業利益が発生し，それ以前では営業損失が発生する。

ここで，売上高から変動費を差し引いた限界利益の重要性を強調するならば，図4−2のように，変動費線 $V$ に固定費線 $F$ を上乗せするように総費用線 $TC$ を描くとよい。限界利益領域が斜線部分で示される。すなわち，損益分岐点においては，固定費が限界利益に等しいのである。また，図4−3のように限界利益図を描けば，限界利益線（$S-V$）と固定費線 $F$ との交点で損益分岐点に達していることが明確になる。さらに，図4−4のように，X軸を固定費線 $F$ まで移動させれば，固定費をマイナスで示すことにより，損益分岐点に達したときから限界利益がプラスになることが強調できる。

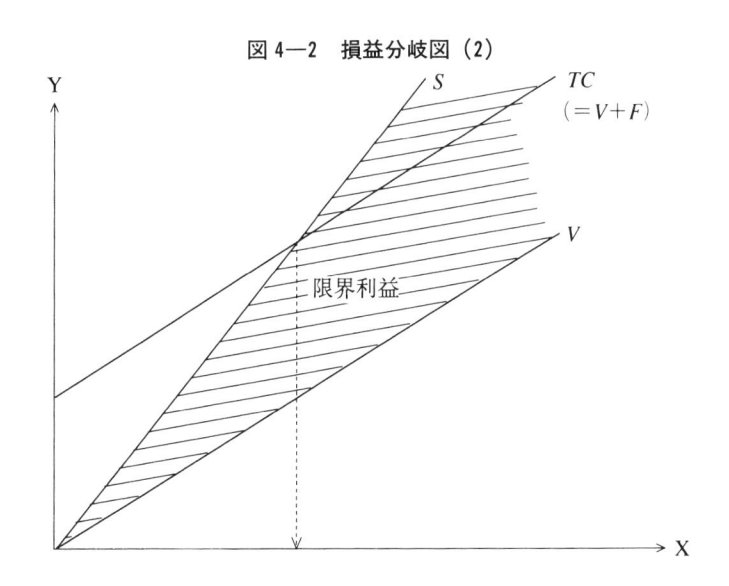

**図4−2 損益分岐図（2）**

**図4—3　限界利益図（1）**

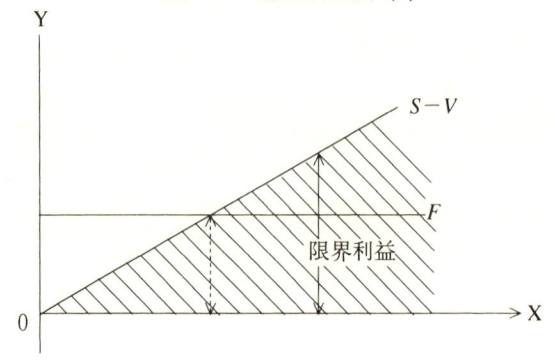

**図4—4　限界利益図（2）**

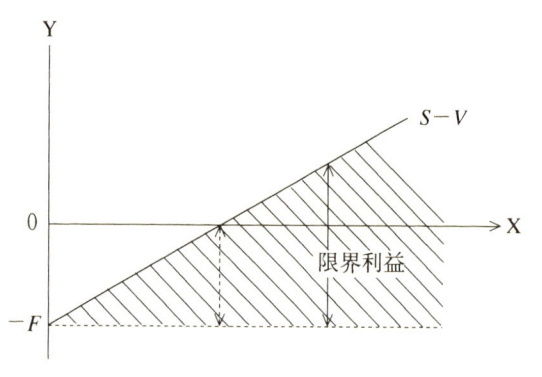

　次のような記号を用いれば，売上高線と総費用線の交点を求めることにより，損益分岐点における売上高 $S_{BE}$，損益分岐点における販売量 $X_{BE}$ を示すことができる。すなわち，売上高は限界利益率 $(1-v_2)$ で，販売量は単位あたり限界利益 $(p-v_1)$ でそれぞれ固定費を割ることにより，損益分岐点における営業量が得られるのである。

$p$；販売単価　　　　　　$X$；販売量　　　　　$S$；売上高（$=p\cdot X$）
$V$；変動費　　　　　　　$v_1$；単位あたり変動費（$=V/X$）
$v_2$；変動費率（$=V/S$）　　$F$；固定費　　　　　$g$；営業利益

$S_{BE}=F/(1-v_2)$ ………(1)

$X_{BE}=F/(p-v_1)$ ………(2)

同様に，一定の営業利益をあげる売上高 $S_g$，一定の営業利益をあげる販売量 $X_g$ も，次のような式として示すことができる。

$$S_g = (F+g)/(1-v_2) \quad \cdots\cdots\cdots(3)$$

$$X_g = (F+g)/(p-v_1) \quad \cdots\cdots\cdots(4)$$

\*　　　　　\*　　　　　\*

**例題 4-2** 例題 4-1 において，原案の予定損益計算書から，$S_{BE}$ と $X_{BE}$ を求めなさい。

〔解答〕

$$S_{BE} = \frac{90,000 \text{千円}}{1 - 180,000 \text{千円}/300,000 \text{千円}} = 225,000 \text{千円}$$

$$X_{BE} = \frac{90,000 \text{千円}}{@100 \text{千円} - @60 \text{千円}} = 2,250 \text{個}$$

なお，予想売上高と損益分岐点の売上高の関係を，安全率あるいは損益分岐点比率と呼ばれる指標であらわすこともある。

$$\text{安全率} = \frac{S - S_{BE}}{S} \quad \cdots\cdots\cdots(5)$$

$$\text{損益分岐点比率} = \frac{S_{BE}}{S} \quad \cdots\cdots\cdots(6)$$

たとえば，安全率が 25% であるというのは，予想売上高が 25% 減少すると，損益分岐点にまで売上高が落ち，利益がゼロになるということ意味する。

### (4) 多品種製品の限界利益図

製品が複数存在する場合の限界利益図には，2 通りの考え方ができる。まず第 1 は，収益力をあらわす限界利益率の高いものから先に記入していく方法である（多段階限界利益図）。第 2 は，各製品の構成割合，すなわちセールス・ミックスは一定という仮定を導入して，加重平均限界利益率でもって損益分岐点を求める方法である（平均限界利益図）。

\*　　　　　\*　　　　　\*

**例題 4-3** 製品 A，B，C を生産販売している TR 社の予定損益計算書が次のようであったとして，限界利益図を描き，損益分岐点を計算しなさい

(単位：百万円)。

| 製品品種 | A | B | C | 合計 |
|---|---|---|---|---|
| 売 上 高 | 1,000 | 2,000 | 3,000 | 6,000 |
| －変 動 費 | 660 | 1,200 | 1,500 | 3,360 |
| 限 界 利 益 | 340 | 800 | 1,500 | 2,640 |
| －固 定 費 | | | | 2,244 |
| 営 業 利 益 | | | | 396 |
| 限 界 利 益 率 | 0.34 | 0.4 | 0.5 | 0.44 |

〔解説と解答〕

① 多段階限界利益図の場合

　Cでもって回収できる固定費＝0.5×3,000＝1,500百万円

　Bでもって回収すべき固定費＝2,244－1,500＝744百万円

　損益分岐点における売上高＝3,000＋744/0.4＝4,860百万円

図4－5　多段階限界利益図　　　（単位：百万円）

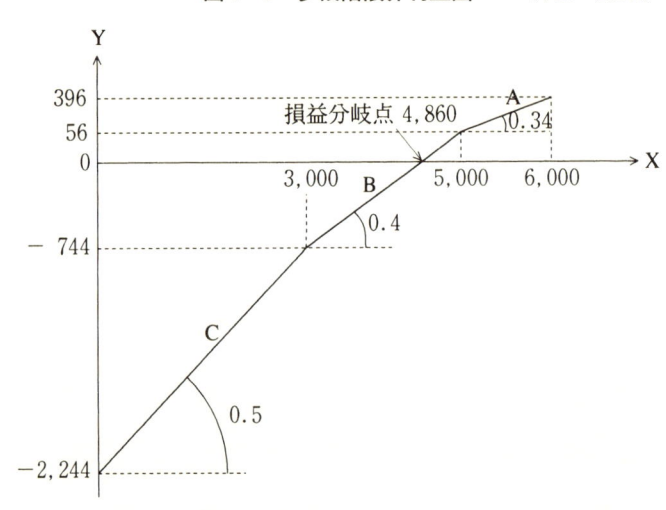

② 平均限界利益図の場合

損益分岐点における売上高は，加重平均限界利益率の0.44を用いて，

　　2,244/0.44＝5,100百万円

である（図4－6参照）。これを，製品A，B，Cのセールス・ミックスの1：

2：3で分ければ，

 5,100 ×(1/6)＝ 850百万円（製品Aの売上高）
 5,100 ×(2/6)＝1,700百万円（製品Bの売上高）
 5,100 ×(3/6)＝2,550百万円（製品Cの売上高）

となる。

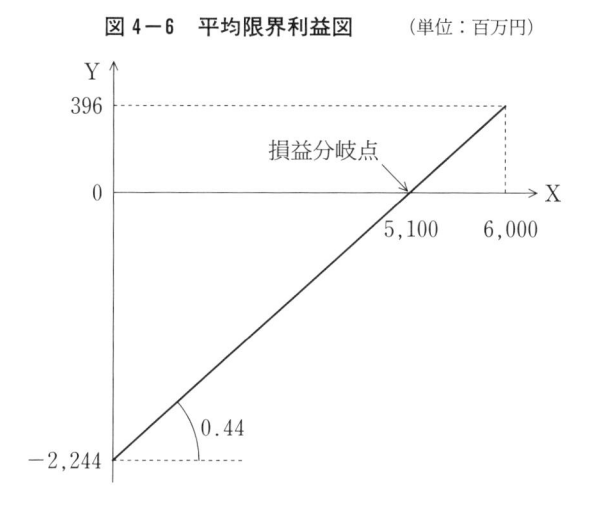

図4－6　平均限界利益図　　（単位：百万円）

```
         Y
         │
     396 ┤──────────────────┐
         │                ╱ ╎
         │              ╱   ╎
       0 ┼────────────╱─────┼──→ X
         │          ╱ 損益分岐点
         │        ╱  5,100  6,000
         │      ╱
         │    ╱  0.44
         │  ╱
  -2,244 ┤╱
```

### ⑸　最適セールス・ミックスの決定

　前項では，製品が複数存在する場合にセールス・ミックスは一定という仮定を導入した。大綱的利益計画の一環として来期の予想利益の改善を図る必要性に迫られた場合，最適なセールス・ミックスを決定しなくてはならない。セールス・ミックスの決定は改善案についての意思決定問題である。それは前章で検討した，時間価値を考慮しなくてもよい短期の個別計画の意思決定の一種であり，管理会計技法的には差額分析をすることになる。しかし，変動費＝関連費用，固定費＝無関連費用と仮定すれば，利益計画用の会計情報が問題解決用の差額分析の代用として有益になる。

　最適セールス・ミックスの決定とは，設備や労働力などの生産販売能力に制約がある場合に，その稀少経営資源を有効に配分し，利益を最大にすることで

ある。このような問題を解く手法としては、線型計画法（linear programming: LP）がある。線型計画法では、連立1次方程式あるいは不等式のかたちで与えられる制約条件のもとで、同じく1次式で示される目的関数を最大あるいは最小にする最適解を得るための手法である[4]。

　　　　　　　　　　　＊　　　　　＊　　　　　＊

**例題 4-4**　TR社Y事業部では、現在、製品甲を@100円の価格で年間20,000個製造販売し、変動費1,000,000円、固定費1,200,000円のため、200,000円の営業損失の状態である。そこで、機械の余剰作業時間4,000時間を利用して、類似の製品乙を同じく@100円の価格で年間20,000個製造販売することを計画した。追加的に発生すると予想される変動費は1,200,000円である。予定損益計算書は次のようになる。

　　　　　　　　　　　予定損益計算書　　（単位：千円）

|  | 合計 | 甲 (20,000 個) | 乙 (20,000 個) |
|---|---|---|---|
| 売　上　高 | 4,000 | @100円　2,000 | @100円　2,000 |
| 変　動　費 | 2,200 | @ 50円　1,000 | @ 60円　1,200 |
| 限　界　利　益 | 1,800 | @ 50円　1,000 | @ 40円　　800 |
| 固　定　費 | 1,200 |  |  |
| 営　業　利　益 | 600 |  |  |
| セールス・ミックス | 100% | 50% | 50% |

市場調査からみて、製品甲の年間総需要量は20,000個である。製品乙のそれは50,000個である。経営計画室は、生産技術部から入手した資料①と②を用いて、営業利益を最大にするセールス・ミックスの改善案を計算し、社長に提案しなさい。

①　製品1個を完成するために要する機械作業時間

　　　　　甲…………0.4時間　　　　　　乙…………0.2時間

②　甲および乙の製造に共通に利用する機械の年間総稼働時間は12,000時間

〔解説と解答〕

固定費は変化しないので、営業利益を最大にする問題は、限界利益を最大にする問題に置き換えることができる[5]。製品甲の生産量を $x_1$、製品乙の生産量を $x_2$ とおけば、目的関数 $Z$ と制約条件式は以下のようにあらわされる。すな

わち，①から⑤の制約のもとで，限界利益の合計 Z を最大化する問題である。

$$\text{Max}(Z = 50 x_1 + 40 x_2)$$
$$s.t. \quad 0.4 x_1 + 0.2 x_2 \leqq 12,000 \quad \cdots\cdots\cdots ①$$
$$x_1 \leqq 20,000 \quad \cdots\cdots\cdots ②$$
$$x_2 \leqq 50,000 \quad \cdots\cdots\cdots ③$$
$$x_1 \geqq 0 \quad \cdots\cdots\cdots ④$$
$$x_2 \geqq 0 \quad \cdots\cdots\cdots ⑤$$

　線型計画法の解法には，スラック変数を導入して連立方程式を解く方法もある[6]。ここでは，グラフによる解法を示そう。

　$x_1$ と $x_2$ の2変数でもって平面図形を描けば，制約条件式①〜⑤を満たす可能領域（feasible region）は，**図4−7**の斜線で示される部分である[7]。目的関数を最大化する最適解は，この領域内にある。

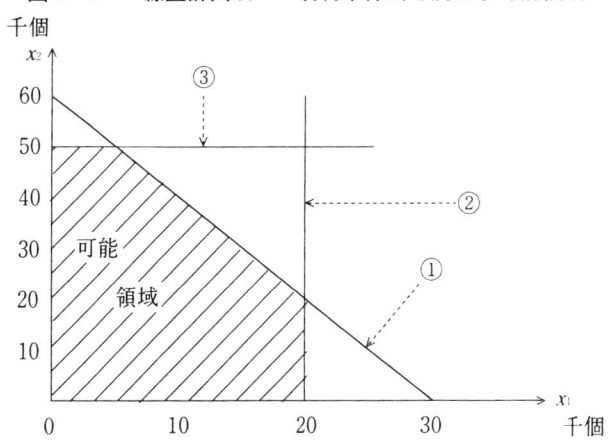

**図4−7　　線型計画法——制約条件式を満たす可能領域**

そこで，Zの値をいろいろ変化させたグラフをここに書き込めば，Zは原点から遠く離れれば離れるほど大きくなる[8]（$Z_1 < Z_2 < Z_3 < Z_4$）。可能領域内でZの値が最大になるのは，**図4−8**に示されるように，$Z = Z_3$のときである。このときの $x_1$ と $x_2$ は，それぞれ5,000個と50,000個であり，これが最適解である[9]。

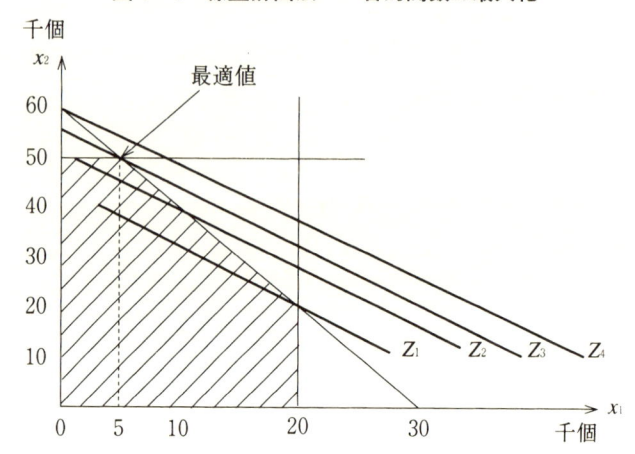

図 4 − 8　線型計画法──目的関数の最大化

かくして，計算上最適なセールス・ミックスは約 9 ％と 91％になり，そのときの予定損益計算書は次のようになる。

予定損益計算書　　（単位：千円）

|  | 合　計 | 甲（5,000 個） | 乙（50,000個） |
|---|---|---|---|
| 売　上　高 | 5,500 | @100円　　500 | @100円　5,000 |
| 変　動　費 | 3,250 | @ 50円　　250 | @ 60円　3,000 |
| 限 界 利 益 | 2,250 | @ 50円　　250 | @ 40円　2,000 |
| 固　定　費 | 1,200 |  |  |
| 営 業 利 益 | 1,050 |  |  |
| セールス・ミックス | 100％ | 9 ％ | 91％ |

ただし，セールス・ミックスのアンバランスを回避するため等の理由から，経営管理者の政策的判断により，$x_1$を特定量以上販売することになるかもしれない。たとえば，$x_1$を 10,000 個以上販売することが経営管理者からの要望として追加されたならば（$x_1 \geqq 10,000$），$x_1 = 10,000$ 個，$x_2 = 40,000$ 個が最適なセールス・ミックスになる（図 4 − 9 参照）。このとき，営業利益は 900 千円である。

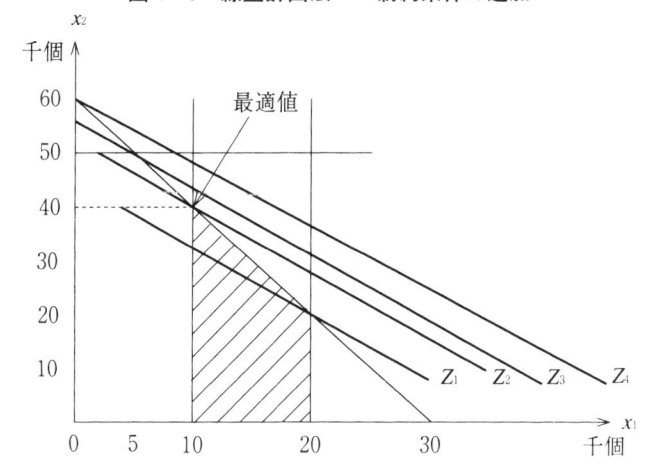

図 4−9　線型計画法──制約条件の追加

## (6)　原価分解の諸方法

　原価が営業量の変化に応じてどのように変化するのかを知ることは，大綱的利益計画にとって重要である。
　一般的には，総原価線は直線的に推移しないと考えられる。ミクロ経済学の

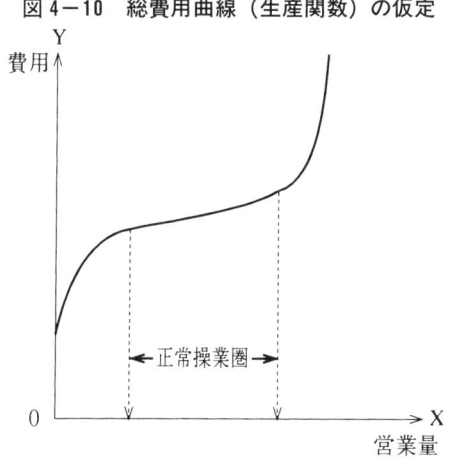

図 4−10　総費用曲線（生産関数）の仮定

企業理論においても，総費用線（生産関数）は曲線を仮定している場合が多い（図 4−10 参照）。

　管理会計では，原価態様（cost behavior）パターンにより，原価を①変動費，②固定費，③準変動費および④準固定費に分類する。変動費とは，直接材料費や出来高給による直接労務費のように，営業量の増減に比例的に増減する原価をさす（図 4−11 参照）。固定費とは，定額法による減価償却費のように，営業量の増減とは無関係に総額として発生する原価をさす（図 4−12 参照）。準変動費は，電力料のように，固定費部分と変動費部分からなる原価である（図 4−13 参照）。原価パターンがこれら 3 つだけならば，総原価は変動費部分と固

図 4−11　変動費のパターン

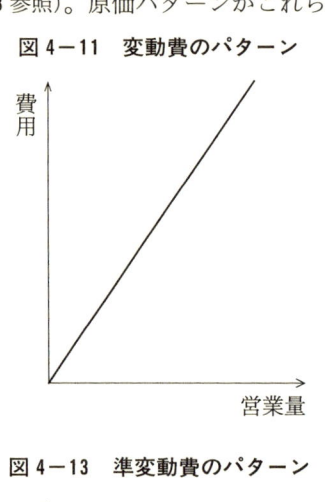

図 4−12　固定費のパターン

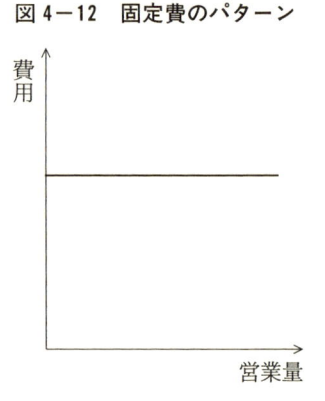

図 4−13　準変動費のパターン

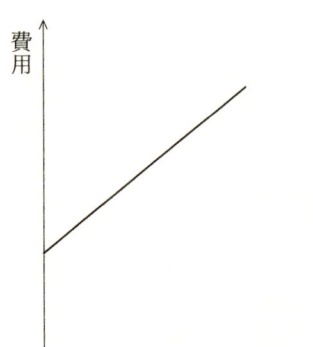

図 4−14　準固定費のパターン

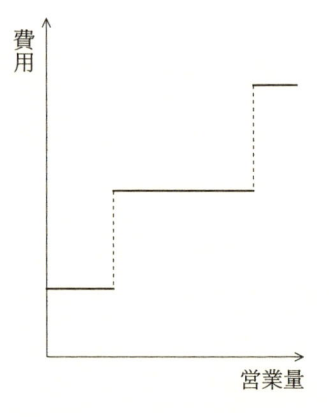

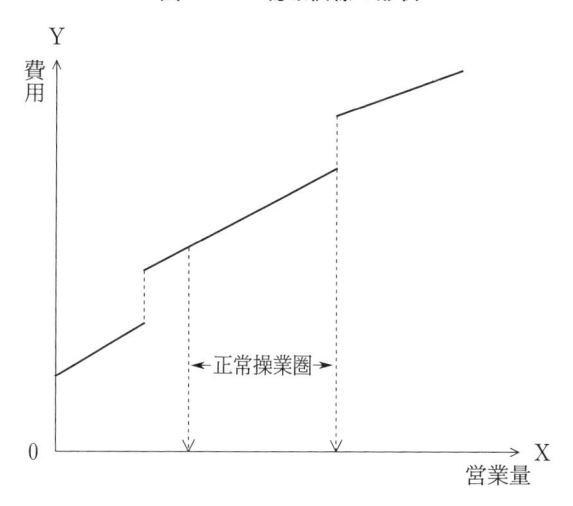

## 第4章 短期経営計画のための管理会計

図4−15 総原価線の形状

定費部分に分けられて単純であり，実務的にもあつかいやすい。しかし，職長の給料のように，ある一定の操業区間では固定費であるが，その区間を超えると急激に増加し，再び一定の操業区間中は固定費の状態を保つ準固定費も存在する（**図4−14**参照）。準固定費の存在を考慮すれば，総原価線は，**図4−15**のように，ななめの階段状になる。

ここで，正常操業圏（normal range of activity/relevant range）の概念が重要である。企業は通常，一定の範囲内の営業量で活動している。そのなかでは，総原価の直線的推移を仮定しても大きな問題ではない。工場閉鎖や極端な不況のように，異常に低いレベルの営業量で活動していることはまずないし，かつ過去のデータもないはずである。また，予定していた営業量を大幅に超える需要も通常はない。図4−10でも，図4−15でも，正常操業圏内では，$Y = aX + b$ と仮定して差し支えない。$a$ は変動費率であり，$b$ は固定費である。

すべての原価は，正常操業圏において変動費部分と固定費部分に分かれるといっても，原価のうち明らかに変動費であるもの（たとえば，直接材料費や出来高給の直接労務費など）や明らかに固定費であるもの（定額法での減価償却費など）を固変分解の対象とする必要はない。ここで問題となるのは，変動費

か固定費かがはっきりしない原価を，変動費部分と固定費部分に分類することである。そのための方法として，過去の実績会計データから，原価を変動費と固定費に分類するための数学的予測方法がある[10]。

高低点法とは，過去のデータのうち，その費目の最高営業量のときと最低営業量のときの実績原価データで，変動費率(傾き)と固定費(Y切片)を推定する方法である。比較的簡単な数学の知識で理解できるというメリットがある[11]。

2点のみでの推定であるというデメリットをもつ高低点法に対し，過去の実績原価データを多く用いるには，やや複雑な計算になるという難があるが，統計学の回帰分析はすぐれた方法である[12]。なかでも，最小自乗法（method of least squres）は，過去の実績データと推定する回帰直線の偏差を自乗して，合計した値が最小になるように，$a$と$b$を決める方法である[13]。

数学的証明は別にして（研究問題4-2参照），結論としては，$P_i(X_i, Y_i)$を$i$番目の実績データとすれば，最小自乗法では，次の正規方程式を解くことにより，$a$と$b$が求められる（$N$はデータ数である）。

正規方程式　$\sum_{i=1}^{N} Y_i = a \sum_{i=1}^{N} X_i + Nb$　　　①

$\sum_{i=1}^{N} X_i Y_i = a \sum_{i=1}^{N} X_i^2 + b \sum_{i=1}^{N} X_i$　　　②

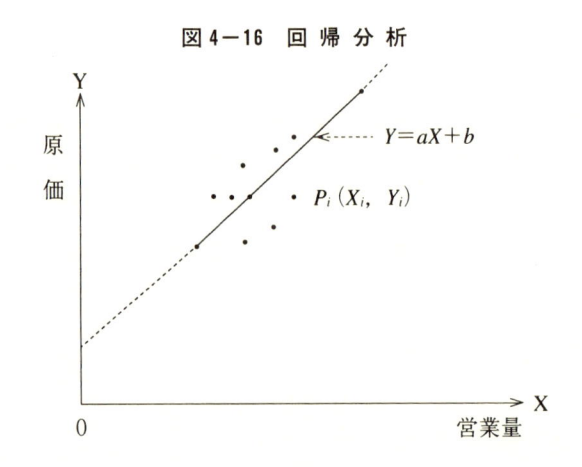

図4-16　回 帰 分 析

\*　　　　　\*　　　　　\*

例題 4-5　直接作業時間（単位：時間）と間接労務費（単位：千円）に関する次の実績データから，(1)高低点法および(2)最小自乗法で変動費率（時間あたり変動費）と固定費を推定しなさい。

| 直接作業時間 | 400 | 450 | 500 | 550 | 600 | 650 | 700 | 750 | 800 | 850 |
|---|---|---|---|---|---|---|---|---|---|---|
| 間接労務費 | 400 | 455 | 490 | 520 | 545 | 575 | 600 | 625 | 665 | 733 |

〔解説と解答〕

① 高低点法[14]

直接作業時間を X，間接労務費を Y にとれば，$P_1 = (400, 400)$ と $P_{10} = (850, 733)$ のデータから，$Y = aX + b$ を求めるわけであるから，

$400 = 400\,a + b$
$733 = 850\,a + b$

の連立方程式を解いて，$a = 0.74$，$b = 104$ を得る。

すなわち，変動費率＝740円／時間，固定費＝104,000円である。

② 最小自乗法

次の値をあらかじめ計算しておく。

$\Sigma X_i = 400 + 450 + 500 + 550 + 600 + 650$
$\qquad\qquad + 700 + 750 + 800 + 850 = 6,250$

$\Sigma Y_i = 400 + 455 + 490 + 520 + 545 + 575$
$\qquad\qquad + 600 + 625 + 665 + 733 = 5,608$

$\Sigma X_i^2 = 160,000 + 202,500 + 250,000 + 302,500 + 360,000 + 422,500$
$\qquad\qquad + 490,000 + 562,500 + 640,000 + 722,500 = 4,112,500$

$\Sigma X_i Y_i = 160,000 + 204,750 + 245,000 + 286,000 + 327,000 + 373,750$
$\qquad\qquad + 420,000 + 468,750 + 532,000 + 623,050 = 3,640,300$

ゆえに，正規方程式は，

$5,608 = 6,250\,a + 10\,b$
$3,640,300 = 4,112,500\,a + 6,250\,b$

となり，

$a = 0.656 \qquad\qquad b = 150.8$

と計算できるから，変動費率＝656円／時間，固定費＝150,800円である。

## (7) 直接原価計算

短期利益計画に役立つ損益計算の一方法に，直接原価計算（direct costing/variable costing）がある。大綱的利益計画は，必ずしも経常的な会計制度において行われない。直接原価計算は，正規の損益計算書上で原価・営業量・利益の関係を明示する（岡本，2000, p.533）という意味で，大綱的利益計画とは区別される[15]。直接原価計算では，損益計算に対する貢献利益的接近方法（contribution approach）がとられる。損益計算書上の利益は，貢献利益という概念で説明される。限界利益も，固定費を回収して営業利益を獲得するための貢献利益である（固定費を個別固定費と共通固定費に分割できる場合には，限界利益から個別固定費を差し引いた利益も，共通固定費を回収するのに貢献する利益である）。

　　　　売　上　高
　　（－）変　動　費····先に回収すべき原価
　　　　限界利益····貢献利益（contribution to fixed costs and profit）
　　（－）固　定　費····後で回収してもよい原価
　　　　営業利益

直接原価計算は，その名称どおり**原価計算**である以上，製品原価を計算することになる。その際，直接原価計算では，変動製造原価のみで計算せざるを得ない[16]。コスト・フローを考えるならば，図4-17のようになる。

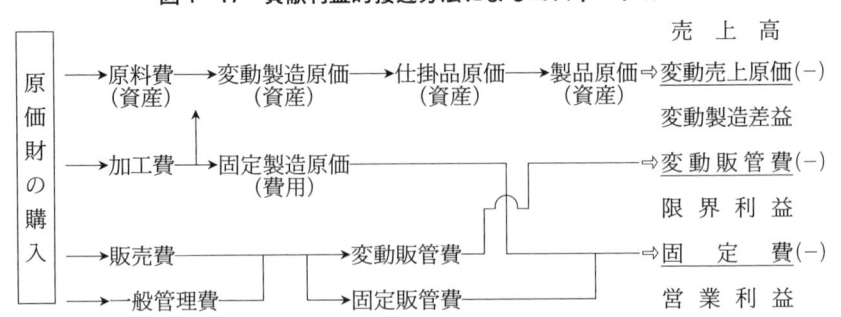

図4-17　貢献利益的接近方法によるコスト・フロー

このように，直接原価計算では，製品原価を変動製造原価のみという部分原

価によって計算することになる。外部報告用目的である一般に認められた会計原則や税法では、今日でも疑問視されている。

　直接原価計算を擁護するための理論武装としては、1950年代にマープル（Marple, R. P.）が口火をきった直接原価計算論争が有名である（練習問題4-5参照）。直接原価計算擁護派は資産の本質を未来原価回避能力にあるとし、伝統的な全部原価計算支持派の未来収益獲得能力説に対抗したのであった[17]。そして、マックファーランド（McFarland, W. B.）らのNAA調査計画委員会報告書で、固定費調整による損益計算書が提案された（McFarland, 1966, p. 152）。直接原価計算方式の損益計算書を外部報告用の全部原価計算方式の損益計算書に改めるため、両方式での差額である期首と期末の在庫に含まれる固定費の加減を計算する提案である。しかし、ここで注意したいのは、直接原価計算は前記したように損益計算の一方法であり、棚卸資産の原価計算が主目的ではないという点である。直接原価計算方式の損益計算書は短期利益計画に大いに役立つのである。さらに、直接原価計算が経常的に実施されていれば、最適セールス・ミックスといった短期の個別計画（意思決定）用のデータとしても、ある程度は有益である。

## 第2節　予算編成

### (1) 利益計画と予算の関係

　短期利益計画において、翌年度の販売計画や生産計画などの活動計画を策定する際、そこに貨幣という光をあてて投影された写像が、予算(budget)である。

　大綱的利益計画にもとづいて予算が編成される。この過程を予算編成(budgeting)という。予算は、予算期間における企業の各業務分野の計画だけでなく、企業全体として総合編成されたものが、具体的にかつ公式に貨幣的表示されたものである。予算は、また企業の利益目標を指示し、各業務分野の諸活動を調整し、企業全般にわたる総合管理を行うために用いられるという意味で経営統制の用具にもなる。

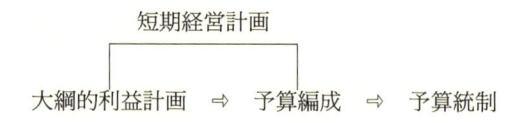

```
              短期経営計画
        ┌────────┼────────┐
   大綱的利益計画 ⇒  予算編成  ⇒  予算統制
```

## (2) 予算の体系

　全社的な総合予算（master budget）は，一般に業務予算（operating budget）と財務予算（financial budget）からなる。業務予算は損益予算とも呼ばれる。売上高予算等の各種収益の予算と売上原価予算や営業費予算等の各種費用の予算にもとづき，見積損益計算書を作成することになる。財務予算は，業務活動

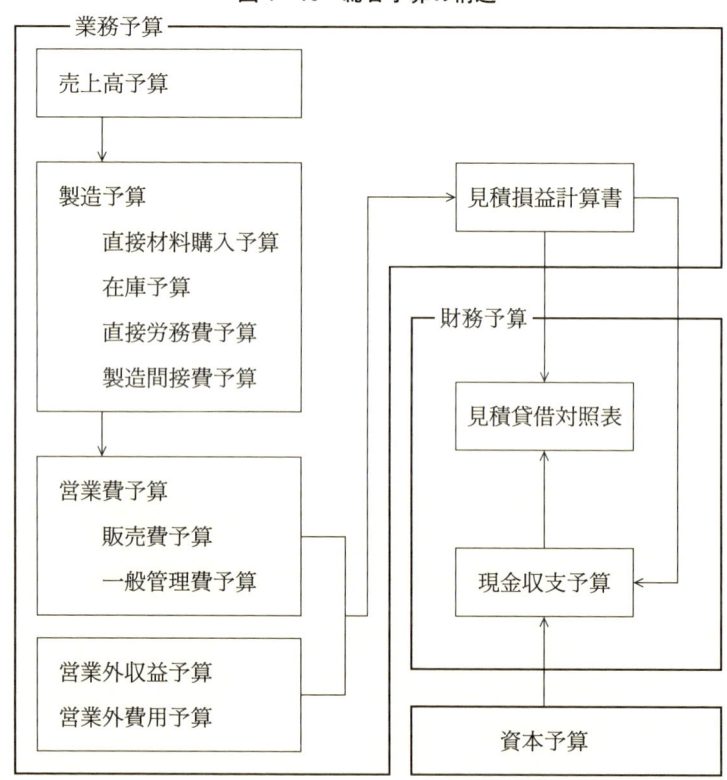

**図4-18　総合予算の構造**

```
┌─ 業務予算 ─────────────────┐
│  ┌──────────────┐          │
│  │ 売上高予算   │          │        ┌──────────────┐
│  └──────┬───────┘          │    ┌──→│ 見積損益計算書│
│         ↓                  │    │   └──────┬───────┘
│  ┌──────────────┐          │    │          │
│  │ 製造予算     │          │    │   ┌─ 財務予算 ──┐
│  │  直接材料購入予算        │    │   │          ↓
│  │  在庫予算               │    │   │ ┌──────────────┐
│  │  直接労務費予算          │    │   │ │ 見積貸借対照表│
│  │  製造間接費予算          │    │   │ └──────┬───────┘
│  └──────┬───────┘          │    │   │        ↑
│         ↓                  │    │   │ ┌──────────────┐
│  ┌──────────────┐          │    │   │ │ 現金収支予算 │←┐
│  │ 営業費予算   │          │    │   │ └──────┬───────┘ │
│  │  販売費予算             │────┘   │        ↑         │
│  │  一般管理費予算          │        │ ┌──────────────┐ │
│  └──────────────┘          │        │ │ 資本予算     │ │
│  ┌──────────────┐          │        │ └──────────────┘ │
│  │ 営業外収益予算           │        └──────────────────┘
│  │ 営業外費用予算           │
│  └──────────────┘          │
└────────────────────────────┘
```

および他の計画に必要な現金収支の計画であり，見積貸借対照表を作成することになる[18]。業務予算を中心に総合予算の構造の一例を示すならば，図4－18のようになる。

### (3) 予算編成プロセス

社長が決定した予算を現場にそのまま降ろしていくトップダウン予算（天下り型予算）は，全社的な利益計画との整合性の観点からは優れた方法である。個々の現場に予算の主体的な編成権を与えるボトムアップ予算（積上げ型予算）ならば，企業全体としての経営資源の最適配分や最適利益が確保される保証はない。

そこで，現実には各部門の執行責任者と経理部長からなる予算委員会（budget committee）のような組織をつくり，最高経営機関（日本では「常務

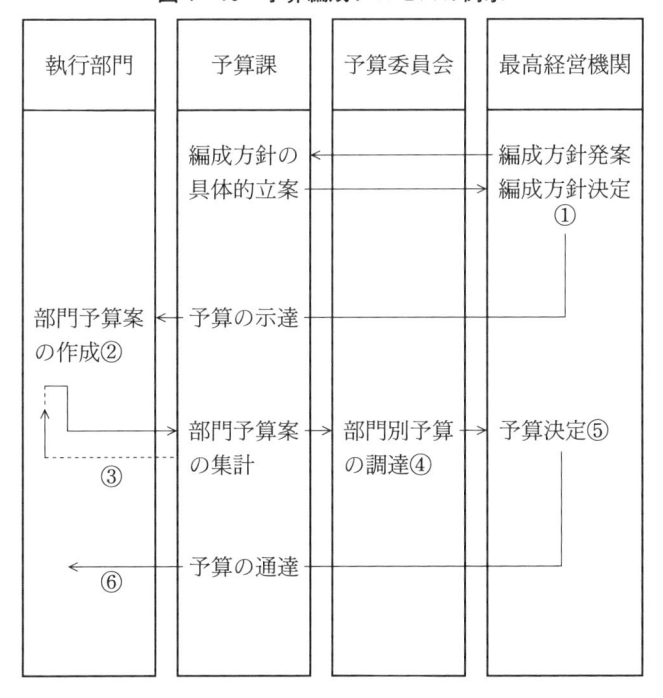

**図4－19　予算編成プロセスの例示**

| 執行部門 | 予算課 | 予算委員会 | 最高経営機関 |
|---|---|---|---|
|  | 編成方針の具体的立案 ← |  | 編成方針発案 → 編成方針決定 ① |
| 部門予算案の作成② | ← 予算の示達 |  |  |
|  | → 部門予算案の集計 ③ | 部門別予算の調達④ | 予算決定⑤ |
| ← ⑥ | 予算の通達 |  |  |

会」あるいは「経営委員会」などと呼ばれることもある）と現場との調整を図ることになる[19]。図4−19からも明らかなように、これらのプロセスにおいて、企画部あるいは経理部の予算課というスタッフ部門の役割が重要である。①まず、最高経営機関（あるいは社長）が発案した予算編成方針を予算課が具体的に立案することにより、予算編成方針は決定する。②予算課を通じて示達された編成方針に従いながら、現場の各執行部門は部門予算案を作成する。③この部門予算案は予算課との間で幾度かのやりとりの後、予算委員会に提出される。④予算委員会では、企業全体の立場から審議され、必要な修正を経て承認され、最高経営機関に付議される。⑤最終的に予算を承認決定するのは社長である。⑥最終決定された予算は、予算課を通じて各執行部門に通達される。

## 第3節　業務予算

### (1) 売上高予算

売上高予算は、予算編成の出発点であると言われる（Horngren et al., 2008, p. 309）。なぜならば、在庫水準、材料購入量、営業費用等の予算は、売上高予算の基礎となる販売量に関連するからである。

売上高予算の作成では、単なる勘と経験による予測ではなく、以下のような諸要素を考慮しなくてはならない。

- 過去の販売実績（製品別、地域別、顧客別、月別など）
- 販売価格の弾力性（価格変化による需要の変化具合）
- 競争企業との対応（ライバル企業の価格、製品、サービス）
- マーケティング・リサーチによる情報（市場や顧客の選好）
- 広告宣伝の計画
- 製造部門の生産能力と製品在庫水準
- 一般的経済状態（GDPなどの公表される経済指標）

売上高予算は、予定販売単価に予定販売量を掛けることによって得られる。

$$売上高予算 = 予定販売単価 \times 予定販売量 \qquad \cdots\cdots(5)$$

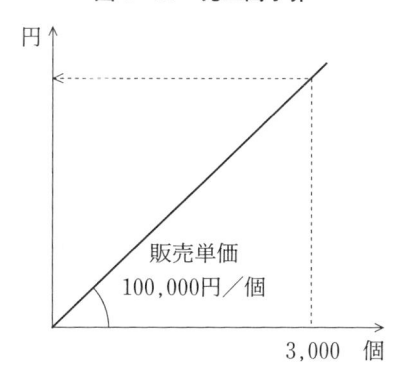

図4−20　売上高予算

たとえば，製品を3,000個販売するときには，

　売上高予算＝100,000円／個×3,000個＝300,000,000円

である（図4−20参照）。

　なお，売上高予算の作成と同時に，現金取引以外の信用取引がある場合，その割合および回収時期も予測しておけば，現金収支予算の作成に役立つ。

## (2) 製造量予算

　予定販売量にもとづき，予定製造量（在庫量）を予測する。すなわち，希望の棚卸資産在庫量を決定したのちに，製品完成量，製品生産量，材料購入量，作業時間等を順次決定していくことになる（図4−21のような勘定連絡図を想定してみると，実績記録をする場合と逆になっていることが理解できよう）。

　①予定製品完成量＝希望期末製品在庫量＋予定販売量－期首製品在庫量
　②予定製品生産量＝希望期末仕掛品在庫量＋予定製品完成量－期首仕掛品在庫量
　③予定材料購入量＝希望期末材料在庫量＋予定材料消費量－期首材料在庫量

　製品，仕掛品の在庫量が一定ならば，販売量＝完成量＝生産量になる。

　材料予定購入量や予定直接作業時間は，生産量が決定されれば，それに応じて自動的に決まる。

図4−21 予定販売量から製造関係数値の予想

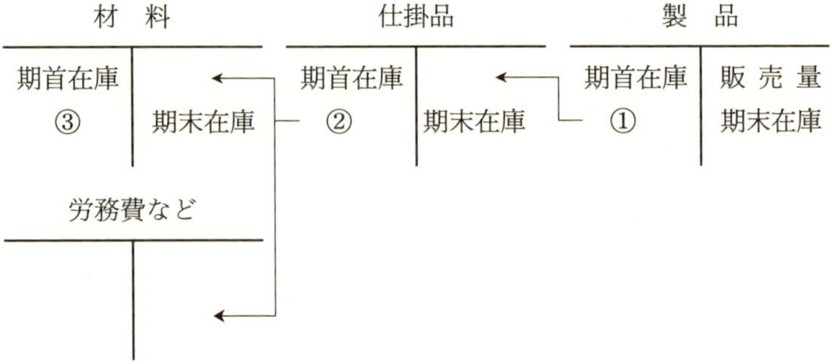

```
   材   料        仕掛品         製   品
┌─────┬─────┬─────┬─────┬─────┬─────┐
│期首在庫 │←────│期首在庫 │←────│期首在庫 │販 売 量 │
│  ③   │期末在庫 │  ②   │期末在庫 │  ①   │期末在庫 │
├─────┤     ├─────┘     └─────┴─────┘
│労務費など│
│     │
└─────┘
     ←────
```

## (3) 製造原価予算

製造原価は，直接材料費，直接労務費，製造間接費からなる。通常は経常的に製品に配賦される。そして，その製品が販売されると売上原価が発生する。

直接材料費と直接労務費は変動費と考えられる。製品単位あたり原価が予定されていれば，それに予定販売量を掛けることにより，売上原価が計算できる。

なお，直接材料費や直接労務費の消費量に能率要因を加味すれば，その予算原価は標準原価である。予算編成のとき，製品単位あたりの標準原価（原価標準）[20]を原価要素別に，標準価格と標準消費量の積の形で示してあれば，業績測定の際，実績が標準（予算）と比較されることになり，次章でみる経営統制（原価統制）に役立つ。

$$\text{直接材料費標準}=\text{標準価格}\times\text{標準消費量} \quad \cdots\cdots(9)$$
$$\text{直接労務費標準}=\text{標準賃率}\times\text{標準作業時間} \quad \cdots\cdots(10)$$

たとえば，製品1個を製造するのに，1,000円／kgの直接材料を30kg消費すべきであるならば，

$$\text{直接材料費標準}=1,000\text{円／kg}\times 30\text{kg／個}=30,000\text{円／個}$$

である。

製品1個を製造するのに，平均賃率1,500円／時間の直接工が，10時間作

業すべきであるならば,

　　直接労務費標準＝1,500円／時間×10時間／個＝15,000円／個

である。

　製品を3,000個生産するときの予算は,

　　直接材料費予算＝1,000円／kg×90,000 kg＝30,000,000円

　　直接労務費予算＝1,500円／時間×30,000時間＝45,000,000円

**図4－22　直接材料費予算**

標準価格　1,000円／kg

30×3,000　kg

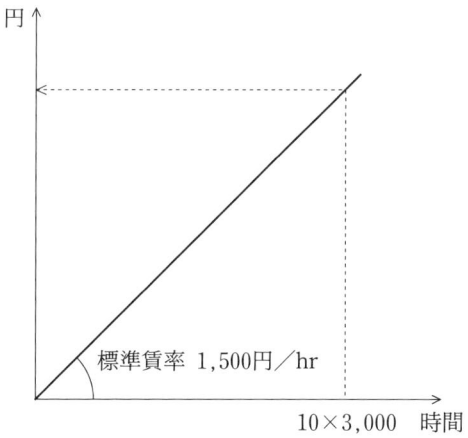

**図4－23　直接労務費予算**

標準賃率　1,500円／hr

10×3,000　時間

となる（図4−22および図4−23参照）。

一方，製造間接費は，直接材料費や直接労務費と異なり，変動費部分と固定費部分から成ると考えられる。しかも，間接材料費や間接労務費も含めて，性格の異なる多くの費目が存在する。そこで，製品に製造間接費を配賦するための手段として，予算を基準操業度で割った予定あるいは標準配賦率を用いて配賦額を計算する。

　　標準配賦率＝製造間接費予算額／基準操業度　　　　　………(11)
　　製造間接費標準＝標準配賦率×標準操業水準　　　　　　………(12)

製造間接費予算には，固定予算（fixed budget / static budget）と変動予算（variable budget / flexible budget）がある[21]。

固定予算とは，次期に予想されるひとつの操業水準に対して計画された製造間接費の発生額である。「固定」という意味は，実際操業度の大小にかかわらず，この予定操業水準での予算を唯一の許容額とするためである。

たとえば，直接作業時間基準で配賦すると仮定して，翌年の直接作業時間30,000時間に対して予想される製造間接費総計が78,000,000円であるならば，

$$標準（予定）配賦率 = \frac{78,000,000}{30,000} = 2,600 \text{ 円／時間}$$

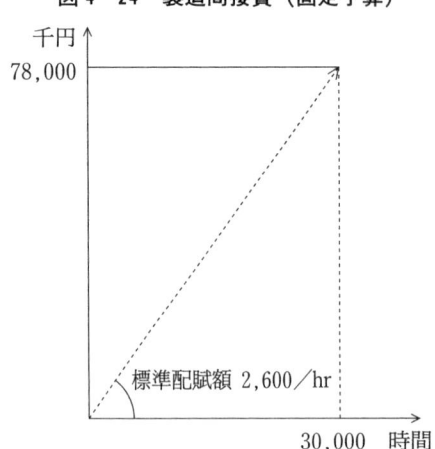

図4−24　製造間接費（固定予算）

である。原価標準は，標準操業水準が標準直接作業時間であるから，

　製造間接費標準＝2,600円／時間×10時間／個＝26,000円／個

と計算できる（**図4－24**参照）。

　固定予算によれば，標準（予定）配賦率を用いることにより，固定費を変動費化しているのである。

　これに対して変動予算とは，操業水準の変化に応じて，それに見合う予算許容額が変動する予算である。具体的には，製造間接費が変動費部分と固定費部分から成り立っていることを前提とする予算である。

　たとえば，上述の製造間接費総計78,000,000円が，変動費30,000,000円と固定費48,000,000円の合計であるならば，変動製造間接費については，

$$標準（予定）配賦率＝\frac{30,000,000}{30,000}＝1,000 円／時間$$

であり（**図4－25**参照），原価標準は，次のように計算される。

　製造間接費標準＝1,000円／時間×10時間／個＝10,000円／個

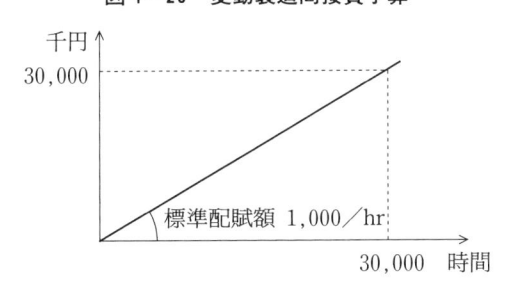

**図4－25　変動製造間接費予算**

　固定製造間接費は，必ず一定額発生する（**図4－26**参照）。利益計画上，製品に配賦する必要はない[22]。

図 4－26　固定製造間接費予算

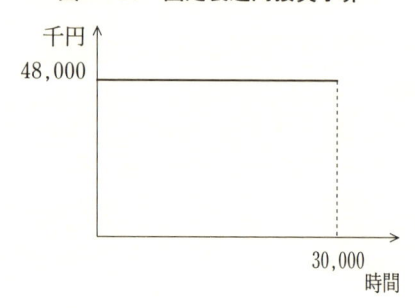

```
千円↑
48,000 ┌──────────────┐
       │              │
       │              │
       │              │
       └──────────────┼──→
                   30,000  時間
```

売上原価予算は次式のとおりである。

　　売上原価予算＝原価標準×販売量　　　　　　　　　　………(13)

変動製造原価のみから売上原価を構成するというアプローチならば，原価標準は，直接材料費標準，直接労務費標準および変動製造間接費標準の合計額であるから，

　　売上原価予算＝(30,000＋15,000＋10,000)円／個×3,000個
　　　　　　　　＝165,000,000円

となり[23]，図 4－27 に示されるような売上原価の予算線を描くことができる。

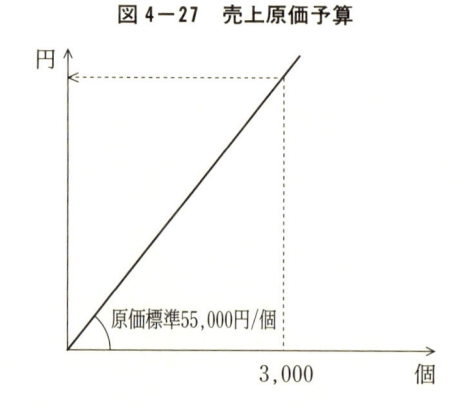

図 4－27　売上原価予算

```
円↑
  │         ╱
  │       ╱
  │     ╱
  │   ╱ 原価標準55,000円／個
  │ ╱
  └──────────┼──→
           3,000  個
```

## (4) 営業費予算

営業費は，販売費と一般管理費からなる。製造原価と異なり，経常的に製品に配賦されることはない。それは，原価財の投入量とそれによって生ずる製品の産出量との関係が正確に測定することが困難だからである。

販売費を機能的に分類すると，注文獲得費（order-getting costs）と注文履行費（order filling costs/logistics costs）[24]になる。

注文獲得費には，広告宣伝費，販売促進費，市場調査費などがある。この種の活動の費用は，費用をかければ必ず販売量（売上高）が増加するわけではない。利益計画上は，経営者が方針を示して決定せざるを得ないという自由裁量固定費の性格をもつが，変動費的に翌年の売上高に対する一定の割合で定めることも可能である。

注文履行費には，倉庫費，運送費，掛売集金費などがある。多少とも機械的，反復的な作業から発生する費用のため，標準原価ないし変動予算の利用が可能である（岡本，2000, p. 699）。ただし，その作業量を測定するための管理要素単位（製造間接費の配賦で言うところの配賦基準）は，費目によって異なる。たとえば，運送車両の軽油代は走行距離数であるが，その車両への積込作業の労務費は積込製品の重量が選択されるかもしれない。売上高との関係で変動費を定めておくことが可能ならば，経営統制の観点からは便利である。たとえば，変動営業費を5,000円／個，固定営業費が42,000,000円であると見積もられたならば，製品を3,000個販売するときの予算は，

営業費予算＝5,000円／個×3,000個＋42,000,000円＝57,000,000円

である。

## (5) 見積損益計算書

業務予算では，営業外の収益と費用を加減して，最終的に見積損益計算書を作成する。直接原価計算的に（あるいは変動予算的に）示せば，**表4－3**のようになる[25]。これは年間予算である。業績測定が月次に行われるならば，12

で割った月次予算が必要になる。

表4-3 見積損益計算書

| | | |
|---|---|---|
| 売 上 高 | 100,000 円／個×3,000 個＝ | 300,000,000 円 |
| －変動売上原価 | 55,000 円／個×3,000 個＝ | 165,000,000 円 |
| －変動販管費 | 5,000 円／個×3,000 個＝ | 15,000,000 円 |
| 限 界 利 益 | 40,000 円／個×3,000 個＝ | 120,000,000 円 |
| －固定製造原価 | | 48,000,000 |
| －固定販管費 | | 42,000,000 |
| 営 業 利 益 | | 30,000,000 円 |
| ＋営業外収益 | | 20,000,000 |
| －営業外費用 | | 35,000,000 |
| 経 常 利 益 | | 15,000,000 円 |

## 第4節 財 務 予 算

### (1) 資金計画

業務予算により見積損益計算書が作成されたならば，見積貸借対照表を作成するため，財務予算を編成する。財務予算の中心は，現金収支の予算（資金計画[26]）である。事業活動に伴う現金収支と資金調達活動に伴う現金収支を要約した表は，資金収支表あるいは資金計算書と呼ばれる[27]。**表4-4**はその一例である。収入には，現金売上高以外に売掛金の回収や受取手形の期日落ちなどもある。同様に，支出には，現金仕入高以外に買掛金の支払いや手形の決済なども含まれる。月次予算が作成されていれば，資金が不足すると予想されるときには，資金の調達方法が検討される。逆に，資金が過剰になると予想されるときには，資金の運用方法が検討される。

### (2) 見積貸借対照表

財務予算では，資金計画にもとづき，最終的に見積貸借対照表を作成する。**表4-5**はその一例である。

表 4-4　資金収支表 （×××1年4/1〜×××2年3/31）　　（単位：百万円）

| | | | 4月 | 5月 | 6月 | 中略 | 合計 |
|---|---|---|---|---|---|---|---|
| I 事業活動に伴う収支 | 収入 | 1. 営業収入 | 22 | 27 | 21 | … | 330 |
| | | 2. 営業外収入 | 2 | 1 | 4 | … | 20 |
| | | 小　計　　　A | 24 | 28 | 25 | … | 350 |
| | | 3. 有形固定資産売却等収入 | | | | | |
| | | (1)有形固定資産売却 | 0 | 2 | 0 | … | 4 |
| | | (2)貸付金回収 | 0 | 0 | 3 | … | 6 |
| | | (3)その他 | 10 | 10 | 8 | … | 70 |
| | | 小　計　　　B | 10 | 12 | 11 | … | 80 |
| | | 収入合計　C=A+B | 34 | 40 | 36 | … | 430 |
| | 支出 | 1. 営業支出 | | | | | |
| | | (1)原材料および製品購入 | 13 | 20 | 21 | … | 220 |
| | | (2)人件費支出 | 5 | 5 | 5 | … | 60 |
| | | (3)その他 | 2 | 3 | 2 | … | 25 |
| | | 2. 営業外支出 | 0 | 0 | 1 | … | 35 |
| | | 小　計　　　D | 20 | 28 | 29 | … | 340 |
| | | 3. 有価証券取得等支出 | | | | | |
| | | (1)有形固定資産取得 | 3 | 0 | 0 | … | 5 |
| | | (2)貸付金 | 0 | 0 | 4 | … | 12 |
| | | (3)その他 | 10 | 9 | 8 | … | 85 |
| | | 小　計　　　E | 13 | 9 | 12 | … | 102 |
| | | 4. 決算支出等 | | | | | |
| | | (1)配当金 | 0 | 0 | 5 | … | 5 |
| | | (2)法人税等 | 0 | 0 | 4 | … | 8 |
| | | 小　計　　　F | 0 | 0 | 9 | … | 13 |
| | | 支出合計　G=D+E+F | 33 | 37 | 50 | … | 455 |
| | 事業収支尻　H=C−G | | 1 | 3 | △14 | … | △25 |
| II 資金調達活動に伴う収支 | 収入 | 1. 短期借入金 | 0 | 0 | 13 | … | 20 |
| | | 2. 割引手形 | 0 | 0 | 0 | … | 2 |
| | | 3. 長期借入金 | 0 | 0 | 0 | … | 10 |
| | | 4. 社債発行 | 0 | 0 | 0 | … | 15 |
| | | 5. 増資 | 0 | 0 | 0 | … | 0 |
| | | 6. その他 | 0 | 0 | 0 | … | 0 |
| | | 収入合計　I | 0 | 0 | 13 | … | 47 |
| | 支出 | 1. 短期借入金返済 | 0 | 0 | 0 | … | 5 |
| | | 2. 長期借入金返済 | 0 | 0 | 7 | … | 15 |
| | | 3. 社債償還 | 0 | 0 | 0 | … | 0 |
| | | 4. その他 | 0 | 0 | 0 | … | 0 |
| | | 支出合計　J | 0 | 0 | 7 | … | 20 |
| | 資金調達収支尻　K=I−J | | 0 | 0 | 6 | … | 27 |
| III | 当期総合資金収支尻　L=H+K | | 1 | 3 | △8 | … | 2 |
| IV | 期首資金残高　　　M | | 35 | 36 | 39 | … | 35 |
| V | 期末資金残高　　　N=L+M | | 36 | 39 | 31 | … | 37 |

参考：1. 現金及び預金　　　　　　　　　　　　34
　　　2. 市場性のある一時所有の有価証券　　　3
　　　　　　計　　　　　　　　　　　　　　37

## 表4—5 見積貸借対照表

貸借対照表 （単位：百万円）

| | | | |
|---|---:|---|---:|
| 現金預金 | 34 | 仕入債務 | 120 |
| 有価証券 | 3 | 短期借入金 | 100 |
| 売上債権 | 141 | その他の流動負債 | 180 |
| 製品 | 45 | 社債 | 100 |
| 短期貸付金 | 130 | 長期借入金 | 80 |
| その他の流動資産 | 247 | その他の固定負債 | 70 |
| 有形固定資産 | 200 | 資本金 | 100 |
| 無形固定資産 | 35 | 剰余金 | 250 |
| 投資等 | 165 | | |
| | 1,000 | | 1,000 |

<注>
1) 売上高，販売量，生産高，生産量，操業度などを総称した用語として，ここでは営業量（volume）と言う。
2) 限界利益は貢献利益とも呼ばれる。固定費を回収するのに貢献する利益という意味である。
3) X軸に売上高をとり，X軸とY軸の目盛りを同じにとれば，売上高線は$Y=X$であり，原点から45度の勾配をもった線として示される。販売量が不明の外部分析では特に有益な技法である。
4) LPの手法は，第2次世界大戦中に軍事計画に使用する目的で工夫された。
5) 条件が比較的単純であるので，稀少資源（機械稼働時間）あたりの限界利益から求めることも可能である。

| | 甲 | 乙 |
|---|---|---|
| 製品1個あたりの限界利益 | 50 円 | 40 円 |
| 製品1個あたりの機械時間 | 0.4 時間 | 0.2 時間 |
| 時間単位あたりの限界利益 | 125 円 | 200 円 |

すなわち，製品1個あたりの限界利益ではなく，機械稼働時間単位あたりの限界利益の高い製品乙を優先して，できるだけ多く製造販売すべきということがわかる。ゆえに，製品乙の生産量は年間総需要量いっぱいの50,000個であり，製品甲の生産量は残りの機械稼働時間でもって5,000個｛＝(12,000－

第4章　短期経営計画のための管理会計　　103

$50,000×0.2)/0.4\}$ となる。

6)　④式と⑤式は非負条件であるから，実際にスラック変数を導入するのは①〜③の式である。$x_3$, $x_4$, $x_5$ をスラック変数とおけば，次のような連立方程式が得られる。

$$0.4x_1 + 0.2x_2 + x_3 = 12,000 \quad ①$$
$$x_1 + x_4 = 20,000 \quad ②$$
$$x_2 + x_5 = 50,000 \quad ③$$

　しかし，5変数の3式では連立方程式を解くことができないので，2変数を定数のようにみなして（これは非基底変数と呼ばれる。手法上はゼロとおくことになる），可能な解をいくつか求める。その上で，目的関数を最大にする最適解を探すことになる。具体的な解法およびこの計算を効率的に行うために工夫されたシンプレックス表については，岡本（2000, pp.605-616）を参照されたい。

7)　3変数以上の一般的な言い方をするならば，制約条件のすべてを満足せしめる可能解（feasible solution）の全体である可能領域の形は，凸集合（convex set）となる。

8)　一種の無差別曲線である。

9)　通常は，端点（extreme point）と呼ばれる頂点で唯一の最適解が得られる。場合によっては，目的関数の傾きにより，可能領域の直線と重なってしまい，複数の最適解が得られることもある。

10)　技術的に原価の投入量と産出量の因果関係が直接に跡づけられる費目には，手数とコストがかかるが，IE法（industrial engineering method）も利用できる。また，過去のデータにもとづくのではあるが，費目ごとに変動費か固定費かに帰属させる方法である費目別精査法は，手数はかからないが，主観的になりやすいという欠点をもつ。

11)　最高営業量と最低営業量のとき，実績原価データは，直線的推移の仮定をおく正常操業圏の範囲内ではやや極端な値となる可能性があるので，二番目に高い営業量と二番目に低い営業量をとることもある。

12)　スキャッター・チャート法とは，実績原価データをグラフにプロットし，目分量でそれらの直線を引く方法である。最小自乗法と同様に，過去の多くのデータを利用して直線を推定するが，人により解が異なることがあり，客観性に

欠ける。
13) 回帰直線の信頼度を知るためには，次式で計算できる決定係数 $\gamma^2$ が有益である。

$$\gamma^2 = 1 - \frac{\Sigma(Y_i - Y)^2}{\Sigma(Y_i - M_Y)^2}$$

ただし，$M_Y$ はデータ $Y_i$ の平均値である。
14) 450時間と800時間のときのデータで推定することもできる（$a=0.6$, $b=185$ を得る）。
15) 経常的な会計制度における直接原価計算は，1929年の大恐慌を経験したアメリカで利益計画の重要性が叫ばれて生成したとされる。直接原価計算に関する関心が高まったのは第2次世界大戦後である（廣本，1993, p. 149）。
16) 直接原価計算を原価計算の一方法であると考えるならば，「変動製造原価のみで製品の原価を計算する手続き」と定義し，「固定（製造）原価は期間原価として費用処理する」ことになる（Drebin & Bierman, 1978, p. 122）。
17) 伝統的接近方法（全部原価計算）では，職能別原価分類が重視される。製造原価，販売費，一般管理費の区別が重要であり，製造原価は区別なく同質に収益の獲得と関連すると考えられる。ゆえに，コスト・フローを考えるならば，図4-28のようになる。

図4-28　伝統的接近方法によるコスト・フロー

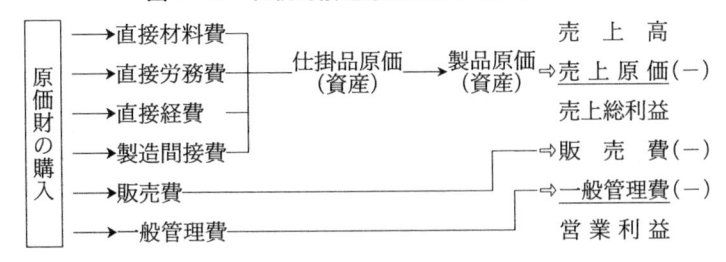

18) 資本予算を財務予算に含める見解もある（たとえば，Horngren et al., 2008, p. 305）。資本予算は長期の設備投資の予算であるから，次年度の現金収支に関係してくるかもしれないが，短期の経営計画の手段としての予算の体系からは除外すべきである。
19) 戦略経営と予算との関わりについては，津田(1994)を参照されたい。

20) 実際生産量が確定してから計算される標準原価と区別して，事前原価としての単位あたりの製造に必要な原価を，原価標準と呼ぶ。
21) 固定予算，変動予算は，元来，製造間接費の管理標準として工夫されたものである。しかし，売上高を含めた総合予算の編成において，ひとつの販売量に対して売上高，費用および利益の予算を示す方法を固定予算と呼び，複数の販売量に対して売上高，費用および利益の予算を示す方法を変動予算と呼ぶこともある（Horngren et al., 2008, pp. 343-344）。
22) 全部原価計算方式をとっていれば，図4-25と図4-26をまとめて，製造間接費予算を図4-29のように示すことができる。

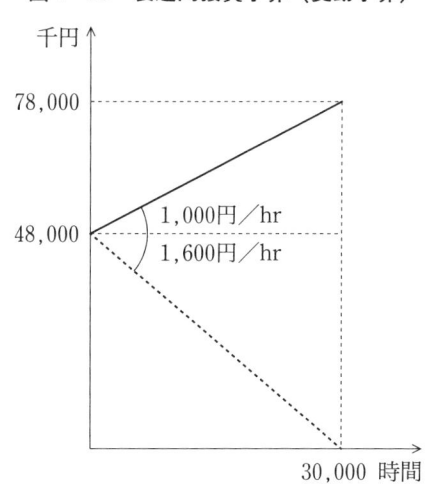

図4-29 製造間接費予算（変動予算）

千円
78,000
48,000
1,000円／hr
1,600円／hr
30,000 時間

23) 直接原価計算方式である。製造原価すべてから売上原価を構成するという全部原価計算方式をとれば，原価標準には固定製造間接費標準の16,000円/個（=1,600円/時間×10時間）も加算されて71,000円/個になるので，売上原価予算は216,000,000円（=71,000円／個×3,000個）である。
24) ロジスティックスとは，元来，軍事用語である。輸送，宿営，食糧，武器，人馬の補給管理，傷病者の処置などといった兵站業務を意味する。経営用語としては，経営組織全体にわたる物の流れ（物流）のことをさす。
25) 全部原価計算的アプローチで見積損益計算書を作成すると，以下のようになる。

在庫量が一定であるから，営業利益あるいは経常利益の金額は，直接原価計算の場合と一致する。

|  |  |  |
|---|---|---|
| 売　上　高 | 100,000 円／個×3,000 個＝ | 300,000,000 円 |
| －売上原価 | 71,000 円／個×3,000 個＝ | 213,000,000 円 |
| 売上総利益 |  | 87,000,000 円 |
| －販　管　費 |  | 57,000,000 |
| 営　業　利　益 |  | 30,000,000 円 |
| ＋営業外収益 |  | 20,000,000 |
| －営業外費用 |  | 35,000,000 |
| 経　常　利　益 |  | 15,000,000 円 |

26) 資金の定義としては，①運転資本説，②現金のみ説，③現金および短期投資の合計説が代表的である。なお，運転資本とは，第2節で記述したように，流動資産から流動負債を差し引いた概念である。財務予算の編成においては，通説は③である。

27) 活動別の分類をせずに，現金収入と現金支出を一覧で表示した表を，資金繰り表と呼ぶことがある。

## ◇練習問題

**4-1** 例題4-3において，固定費2,244百万円が，次のように個別固定費1,290百万円と共通固定費954百万円に分かれている場合の多段階限界利益図を工夫してみよう。

| 製　品　品　種 | A | B | C | 合　計 |
|---|---|---|---|---|
| 売　上　高 | 1,000 | 2,000 | 3,000 | 6,000 |
| 変　動　費 | 660 | 1,200 | 1,500 | 3,360 |
| 限　界　利　益 | 340 | 800 | 1,500 | 2,640 |
| 個　別　固　定　費 | 170 | 420 | 700 | 1,290 |
| セグメント・マージン | 170 | 380 | 800 | 1,350 |
| 共　通　固　定　費 |  |  |  | 954 |
| 営　業　利　益 |  |  |  | 396 |
| 限　界　利　益　率 | 0.34 | 0.4 | 0.5 | 0.44 |

〔ヒント〕　個別固定費をまず回収し，次に，残りの売上高で共通固定費を収益性の高い製品から回収していく多段階利益図を描くことができる。

**4-2** MG社の3月における売上高20,000千円に対応する次のデータから，(1)損益分岐点における売上高，(2)一定の営業利益4,500千円を得るための売上高および(3)一定の売上高利益率15%を得るための売上高を求めなさい。

① 変動製造原価　7,000千円　　② 固定製造原価　7,500千円
③ 変動営業費　　1,000千円　　④ 固定営業費　　1,500千円

**4-3** MG社横浜工場の過去7か月の補助材料費の観察値が次のとおりであったとして，最小自乗法でもって変動費率と固定費を求めなさい。

|  | 4月 | 5月 | 6月 | 7月 | 8月 | 9月 | 10月 |
|---|---|---|---|---|---|---|---|
| 直接作業時間（時間） | 50 | 70 | 90 | 110 | 60 | 100 | 80 |
| 補助材料費（千円） | 195 | 270 | 360 | 465 | 230 | 410 | 310 |

〔ヒント〕 直接作業時間をX，補助材料費をYにとり，求める回帰方程式をY＝aX＋bとおき，正規方程式にデータ数値を代入して解けばよい。bは絶対固定費ではなく，Y切片にすぎないことに注意すべきである。

**4-4** MG社神奈川事業部では，2種類の製品HepburnとBrownを成形部と組立部で加工完成させて販売している。次の1～4の資料から，予定営業利益を最大にする製品の生産販売量（生産量と販売量は等しいものとする）を求めるため，Hepburnの数量を$X_1$，Brownの数量を$X_2$として線型計画法の式を示した上で，営業利益が最大となる製品HepburnとBrownの計算販売量（最適解）を計算しなさい。

1. 製品1単位あたりの販売価格と変動費

|  | Hepburn | Brown |
|---|---|---|
| 販売価格 | 800円 | 600円 |
| 変動費 | 500円 | 350円 |

2. 工場の生産能力と部門別の1時間あたりの製品加工量

|  | 成形部 | 組立部 |
|---|---|---|
| 工場設備年間生産能力 | 10,000時間 | 15,000時間 |
| 1時間あたりHepburnの加工量 | 14単位 | 7単位 |
| 1時間あたりBrownの加工量 | 12単位 | 10単位 |

3. 製品別の年間予想最大需要量
　　Hepburn　70,000単位
　　Brown　　84,000単位

4. 年間固定費予算額　12,000,000 円

〔ヒント〕　営業利益を最大にするためには，固定費が一定であるから，限界利益を最大にする目的関数でよい。制約条件は 2 と 3 に非負条件が加わる。製品数が 2 つであるため，シンプレックス表を用いなくても，グラフを描いて最適解を求めることができる。

4-5　次の全部固定費社〔空気と川の水から合成肥料製造，自己発電可能な水素電気工場，年間固定給制の従業員給与，長期の販売価格契約〕において，(1)伝統的な原価計算方法（全部原価計算）と(2)貢献利益的接近方法（直接原価計算）によって営業利益をそれぞれ計算しなさい。

|  | 第 1 期 | 第 2 期 |
|---|---|---|
| 販売量 | 10,000 トン | 10,000 トン |
| 生産量 | 20,000 トン | 0 |
| 販売価格 | 30 ドル/トン | 30 ドル/トン |
| 原価（＝固定費） |  |  |
| 　製造原価 | 280,000 ドル | 280,000 ドル |
| 　一般管理費 | 40,000 ドル | 40,000 ドル |

〔ヒント〕　数値はマープルの論文（Marple, 1956）より引用している。この論文をきっかけにして，直接原価計算論争が起こった。全部固定費社（The All Fixed Company）の発想では，空気はタダと考えているので，変動材料費は発生しない。固定給のため変動労務費も発生しない。川の水を用いて自己発電しているので，変動間接費としての光熱費部分も発生しない。さらに，長期の販売契約を締結しているため販売価格は一定で，一定量を販売可能である。第 1 期の生産量のうち半分が第 2 期に繰り越され，販売されている。ゆえに，第 2 期末には，在庫はゼロになる。伝統的な原価計算方法では，第 2 期には全く生産していないにもかかわらず，在庫がゼロなので発生する製造原価を繰り越すことができない。ゆえに，第 2 期の費用として計上せざるを得ない。

◇ 研究問題

4-1　LP を解くためのパソコン・ソフトには，どのようなものがあるか。
4-2　正規方程式はどのようにして求められるか。

〔ヒント〕 垂直の偏差 $u_i$ の和はゼロであるから，$u_i$ の自乗を最小化するため，$a$, $b$ で偏微分してゼロとおけばよい。

$$\Sigma u_i^2 = \Sigma (Y_i - aX_i - b)^2 \Rightarrow \min$$

$$\frac{\partial \Sigma u_i^2}{\partial a} = \Sigma \frac{\partial u_i^2}{\partial a}$$

$$= \Sigma \frac{\partial u_i^2}{\partial u_i} \cdot \frac{\partial u_i}{\partial a}$$

$$= \Sigma 2 u_i \cdot (-X_i) = 0$$

$$\frac{\partial \Sigma u_i^2}{\partial b} = \Sigma \frac{\partial u_i^2}{\partial b}$$

$$= \Sigma 2 u_i \cdot (-1) = 0$$

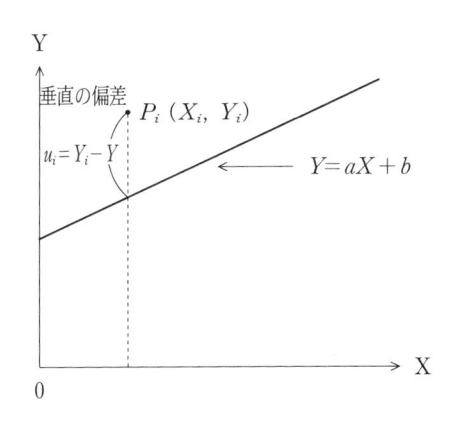

**4-3** 表計算ソフト（MS エクセル等）を用いて，回帰分析をしなさい。

〔ヒント〕 関数の「統計」にある「SLOPE」や「INTERCEPT」が利用できる。

**4-4** TR 社 FA システム事業本部の町田製作所では，2 種類の製品 Tac と You を製造し販売している。以下の損益計算書から多段階限界利益図を作成しなさい。なお，共通固定費は売上高に比例して配賦している（単位：百万円）。

|  | 合計 | Tac | You |
|---|---|---|---|
| 売　上　高 | 8,000 千円 | 2,000 千円 | 6,000 千円 |
| 変　動　費 | 4,200 千円 | 1,200 千円 | 3,000 千円 |
| 限　界　利　益 | 3,800 千円 | 800 千円 | 3,000 千円 |
| 個 別 固 定 費 | 2,300 千円 | 320 千円 | 1,980 千円 |
| セグメント・マージン | 1,500 千円 | 480 千円 | 1,020 千円 |
| 共 通 固 定 費 | 800 千円 | 200 千円 | 600 千円 |
| 営　業　利　益 | 700 千円 | 200 千円 | 420 千円 |
| 売上高営業利益率 | 8.75% | 14% | 7% |

〔ヒント〕 多段階限界利益図の作成において，共通固定費を配賦してはいけない。製品の収益力は（売上高）限界利益率で測定できる。Tac は 40%，You は 50%であり，それぞれの個別固定費をまず回収してから，You で共通固定費を回収する図を描くことになる。

**4-5** 次の資料から，第 1 期から第 3 期までの営業利益を，直接原価計算方式と全部原価計算方式で計算しなさい。

|  | 第 1 期 | 第 2 期 | 第 3 期 |
|---|---|---|---|
| 販売量 | 500 単位 | 600 単位 | 700 単位 |
| 期首製品棚卸高 | 0 | 500 | 100 |
| 当期生産量 | 1,000 | 200 | 600 |
| 期末製品棚卸高 | 500 | 100 | 0 |
| 販売単価 | 10 円／単位 |  |  |
| 変動製造原価 | 2 円／単位 |  |  |
| 固定製造原価 | 3,000 円／期 |  |  |
| 変動営業費 | 1 円／単位 |  |  |
| 固定営業費 | 1,000 円／期 |  |  |

＊期首と期末の仕掛品はなかった。

## 第5章
# 短期経営統制のための管理会計

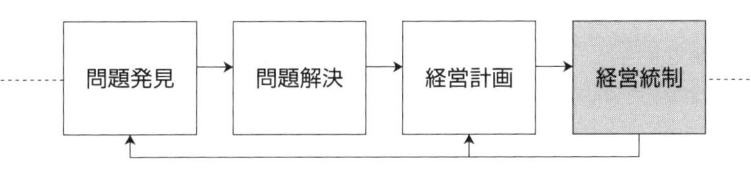

```
問題発見 → 問題解決 → 経営計画 → 経営統制
```

### キーワード

注意喚起情報，責任会計，責任センター，科学的管理法，材料消費価格差異，材料消費量差異，賃率差異，作業時間差異，予算差異，能率差異，販売価格差異，販売量差異，操業度差異

### ❖本章の要約❖

1. 短期経営統制の中心は業績測定である。経営計画や問題発見へのフィードバックが必要である。
2. 経営統制において重要な会計概念は，責任センターの長の統制可能性である。
3. 原価統制の手段としては，標準原価計算が利用できる。
4. 標準原価差異は，価格要素と数量要素の原因別に分析される。数量要素の差異が原価要素別の能率を示す指標である。
5. 利益統制目的にとって，直接標準原価計算は有益である。

## 第1節　業績測定

### (1) 短期経営統制

　経営管理者は，短期経営計画にもとづき短期の経営統制を執行する。管理会計は，この際に必要な会計情報を経営管理者に提供する。

　企業目標を達成するため策定された短期経営計画にもとづいて，生産・販売の業務活動は遂行される。この活動を計画に向けて絶えず指導し規制する経営管理者の職能が，短期経営統制である。短期経営統制では業績測定が行われる。予算が編成されている場合には，業務活動の結果である実績を予算と比較するという予算統制が中心になる。また，短期経営統制は，将来の目標や経営計画の設定に役立つ必要もある。その結果を見て，短期経営計画からの乖離があったならば，すぐに業務活動を検討しなくてはならない。日常反復される業務活動の問題点や機会に対処するためには，実績記録情報のみならず，注意喚起情報が必要なのである。経営環境の急激な変化があったような場合には，たとえ期中であっても短期経営計画を見直さなくてはならなくなる。もし，測定結果から大きな問題点が発見されたならば，その解決を図らなくてはならなくなり，個別計画や長期経営計画とも関連してくる[1]。

### (2) 責任会計

　短期経営統制に役立つため会計システムに，責任会計（responsibility accounting）がある。責任会計では，企業の組織構造との結合を強調する。すなわち，企業組織内において何らかの会計概念上（特定の費用，収益，投資額など）の責任をもつ区分単位（責任センター）を識別し，各センター別に，計画と実績，および差異に関する財務情報を提供する会計システムである。責任センターの管理者の業績が測定されることになる。

　責任センターは，会計上の責任範囲から，次のように分類できる[2]。

　　① 費用センター

② 原価センター
③ 収益センター
④ 利益センター
⑤ 投資センター

　費用センター（expense center）とは，スタッフ活動を担当する本社管理部門のように，製品の生産・販売に直接は関係しない財・サービスを提供する部門である。センター長は，期間費用として処理されるが，その部門に追跡可能な支出たる費用の発生に責任をもつ。

　原価センター（cost center）とは，組立部や鋳造部などの製造部門や，保全部，修繕部などの補助部門のように，製品の生産にかかわる部門である。センター長は製造原価の発生に責任をもつ。なお，費用センターと原価センターを区別せず，原価センターと呼ぶことも多い。費用の発生に責任をもつ部門という意味である。

　収益センター（revenue center）とは，地域販売部のように，製品の販売にかかわる部門である。収益（売上高）とそれに直接かかわる費用の発生には責任をもつが，製品の売上原価（製造原価）には直接的な統制力をもっていないので，責任をもたない[3]。

　利益センター（profit center）とは，事業部のように，製品の生産および販売の権限をもつ部門である。収益のみならず原価（費用）の発生にも責任をもつが，資本支出の決定はできないので，投資額の責任はもたない。原価センターと収益センターを兼ね備えた部門であるといえる。

　投資センター（investment center）とは，利益センターの拡張概念であり，使用する資産への統制力をもっている事業部を考えればよい[4]。すなわち，収益および費用（原価）の発生に責任をもつだけでなく，投資額の責任ももつ。ただし，通常，資金調達の権限はない。

(3) **統制可能性**

　経営統制において重要な会計概念は，統制可能性である。すなわち，業績測

定される経営管理者が，各項目を統制（コントロール）できるか否かが問題となる[5]。企業組織内の各責任センターの管理者にとって，その会計項目（収益，原価，投資額）に対し，かなりの影響力を及ぼすことができるならば，統制可能とみなすことができる。もし，全く影響力を及ぼせないならば，統制不能ということになる。

ここで，次の諸点に注意すべきである[6]。

まず，企業内では，すべての項目が統制可能となるという前提である。本来，統制可能・不能の区別はない。統制不能とは，企業内の誰かほかの管理者が統制可能であるという意味である。社長は，投資家（株主）に対してすべての項目の責任を負わなくてはならない立場にある。

第2に，経営管理活動の区分単位（原価センター，利益センター，投資センターなど）の責任者とその権限を明確にすることが重要である。工場長が同工場で利用している機械への投資や除却の決定権をもっているならば，工場長にとって，その機械への投資額は統制可能投資であり，機械を利用する原価である減価償却費も統制可能費である。仮に定額法を用いていて，減価償却費が毎期一定額必ず発生する固定費であっても，「固定費＝統制不能費」という公式はあてはまらない。工場長がその機械への投資や除却の決定権をもっていないならば，減価償却費は工場長にとっては統制不能費になる。決定権をもっている上司（事業部長など）にとって統制可能な費用になるのである。

第3に，統制可能性の程度である。責任者が自らの意思決定によって影響を与えうるといっても，完全ではない。実質，相当程度である。上記の工場長にしても，機械に関する投資や除却の決定権を完全にもっているとは限らない。少なくとも，金額の大きな機械装置を上司（事業部長あるいは社長）への承認なしに簡単に取り替えることはできないだろう。

第4に，経営管理者はその地位が高くなればなるほど，同じ統制可能と言っても，責任範囲が拡大する傾向がある。上位の管理者は，部下の管理者にとって統制可能な項目すべてに責任を負う必要がある。上位者になればなるほど，統制可能とみなされる項目が多くなることを意味する。外部の経営環境の急激

な変化(重要な得意先の突然の倒産など)が原因で,巨額の貸倒損失がA事業部に発生した場合,A事業部長は,A事業部の業務執行の統制をすべき立場にあるので,統制可能項目として責任を負うことになる。また,社長は,出資者に対してすべての項目の責任を負わなくてはならない立場にあるので,A事業部の損失に対しても責任を負うことになる。

　第5に,統制可能性は,業績測定期間の長さに関係する。この点を強調すると,一般的には業績測定期間が短ければ短いほど,特定の管理者にとって統制可能項目は少なくなってしまう。上記の減価償却費は,短期的には必ず発生する拘束固定費(commited fixed cost)であり,その額を即座に変化させることはできない。ただし,長期的には,いつかは機械装置の取り替えをするであろう。業績測定期間の長短から,統制可能項目を短期統制可能項目と長期統制可能項目とに区別表示することは有益であるかもしれない。しかし,長期統制可能項目と統制不能項目として混同すべきではない。

## 第2節　原　価　統　制

### (1)　標準原価計算の誕生と発展

　標準原価計算は,テーラー(Taylor, F. W.)を始祖とする科学的管理法の普及に努力する能率技師と原価計算担当者との協力により,20世紀初頭に誕生した。原価の達成目標である標準を統計的・科学的手法にもとづいて設定し[7],標準と実績とを比較する方法である。その後,標準原価差異分析の展開,複式簿記機構への組み込みにおけるパーシャル・プランやシングル・プランの提唱などの発展がある[8]。同種製品の大量生産形態の企業では,原価統制目的にとって有益な方法だったのである。

### (2)　標準原価計算の手続き

　標準原価計算の手続きは,おおむね次のとおりである。
　　①　原価標準(単位あたり標準原価)の設定

② 標準原価の計算（＝原価標準×実際生産量）
③ 実際原価の計算（＝実際価格×実際消費量）
④ 標準原価と実際原価との比較による標準原価差額の計算
　　　　　　　　　　　　（＝実際原価－標準原価）
⑤ 標準原価差額の原因別差異分析
⑥ 原価報告（原価差異の統制可能性）

　まず，①の原価標準（単位あたり標準原価）の設定は，実際の生産前の短期経営計画である。この意味で，標準原価計算は原価統制目的に重点がおかれているが，プランニングとコントロールを含めた原価管理のための方法と言うことができる。原価標準の設定については，前章にて考察した。

　②以降は，実際の生産が行われてから計算する[9]。④の差異は，②の標準原価と③の実際原価の差額である。実際原価から標準原価を差し引く上式の場合，マイナスならば有利差異（貸方差異）であり，プラスならば不利差異（借方差異）である[10]。ところで，この差異を原因別に分析する際には，標準原価を実際原価と比較可能な単位とするために，原価要素別に投入価格要素と投入消費量要素で示される必要がある。すなわち，②の標準原価は，

　　　標準原価＝標準価格×標準消費量

となる。ただし，ここでの標準消費量は，実際生産量を製造するために消費すべき数量という意味での標準消費量である。

　総差異は，原価要素別に数量要素からなる差異と価格要素からなる差異に分割される（⑤）。その差異が，特定の管理者にとって統制可能であるか否かが問題となる。統制可能であれば，その業績報告書に記載され，業績評価の対象になる（⑥）。

## ⑶　直接材料費の差異分析

　直接材料費の総差異は，消費量差異と消費価格差異からなる。

　　　消費量差異＝標準価格×（実際消費量－標準消費量）　　　………(1)

消費価格差異＝(実際価格－標準価格)×実際消費量　　　　　………(2)

　消費量差異は，実際の消費量と標準消費量の差を標準価格で評価した金額である。直接材料の実際消費量が，科学的に予定していた標準消費量と比較して節約できたのか（有利差異，貸方差異），浪費したのか（不利差異，借方差異）がわかる。直接材料という投入物の能率の良否をみていることになる。このため，消費量差異は，製造現場の部門責任者（職長や工場長）の業績を判断する際に示唆を与える指標である。

　消費価格差異は，実際消費価格と標準消費価格の差を実際消費量で評価した金額である。標準価格より高い価格の直接材料を消費すれば，不利差異（借方差異）が発生し，逆に標準価格より低い価格の直接材料を消費すれば，有利差異（貸方差異）が発生する。ゆえに，価格差異は購入責任者の業績を判断する際に示唆を与える指標である[11]。価格差異は，標準原価計算特有の差異ではなく，実際原価計算のもとでも，標準価格の代わりに予定価格を用いていれば計算できる差異である。なお，消費価格差異を求めるのに，実際消費価格を平均値でわざわざ計算する必要はない。実際の消費価格は，購入価格が一定でないかぎり，変動する可能性がある。その際，平均法，先入先出法などの仮定でもって継続記録していくことになる。ゆえに，消費価格差異は，次式のように，実際直接材料費から，標準消費価格に実際消費量を掛けた直接材料費予算額を引いた金額として計算した方が合理的である。

消費価格差異＝実際直接材料費－標準価格×実際消費量　　　　　………(3)

＊　　　　　　＊　　　　　　＊

**例題 5-1**　標準原価計算を採用しているＴＲ社白金工場の直接材料費に関する某月の次のデータから（例題 5-3 までは②の実際生産データが共通であるとする），その標準原価差異を原因別に計算しなさい。

① 原価標準　　　1,000円／kg×30 kg／個＝30,000円／個
② 実際生産データ
　　月初仕掛品　　20個（0.5）
　　当月着手　　　250
　　　計　　　　　270個

月末仕掛品　　40（0.5）
完　成　品　　230個
直接材料は，工程始点で投入される。
括弧内は，加工進捗度をあらわす。
③ 実際消費高データ
1,020円／kg×7,700 kg＝7,854,000円

〔解説と解答〕

図5-1のように，X軸に消費量（kg）をとり，Y軸に金額（円）をとれば，直接材料費の予算線がY＝1,000 Xという直線で描ける（Y＝1,020 Xという点線で示した直線は，実際消費額を示すグラフである）。不利差異を前提として標準消費量と実際消費量をX軸にとれば（標準消費量＜実際消費量），消費量差異と価格差異を示すことができる。

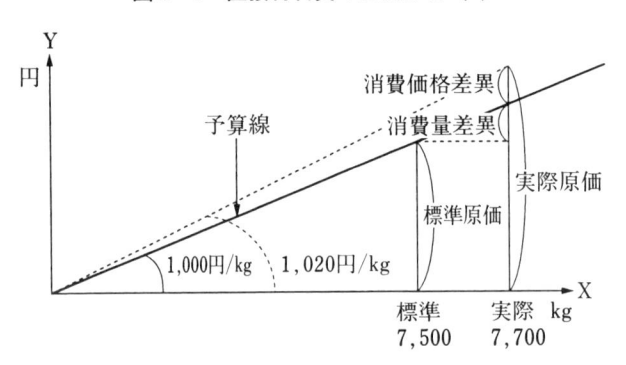

図5-1　直接材料費の差異分析（1）

1. 実際生産量は，②のデータから次のように計算できる（直接材料は始点投入であるから，仕掛品の完成品換算率は100％である）。

    230＋40×100％－20×100％＝250個

    250個の生産をするのに必要な標準消費量は，7,500 kg（＝250個×30個／kg）である。

2. 標準原価は，次のように2通りの式で7,500,000円と計算できる。インプットの基準で差異分析するためには，後者の方が有益である。

    標準原価＝30,000円／個×250個

= 1,000 円／kg×7,500 kg

3. 総差異の 354,000 円（＝7,854,000－7,500,000：不利差異）は，次のように分解できる。

消 費 量 差 異＝1,000×(7,700－7,500)＝200,000 円（不利差異）
消費価格差異＝(1,020－1,000)×7,700
　　　　　　＝7,854,000－1,000×7,700＝154,000 円（不利差異）

なお，図 5－2 のように，面積図でもって差異を説明することもできる。不利差異を前提として，消費量を横の長さに，価格を縦の長さにとれば，消費量差異と消費価格差異を表示することができる。

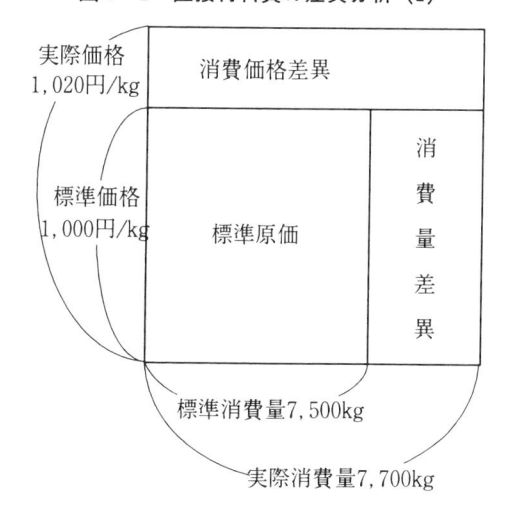

図 5－2　直接材料費の差異分析（2）

| | 消費価格差異 | |
|---|---|---|
| 実際価格 1,020円/kg | | |
| 標準価格 1,000円/kg | 標準原価 | 消費量差異 |

標準消費量 7,500kg
実際消費量 7,700kg

### (4) 直接労務費の差異分析

直接労務費の差異は，作業時間差異と賃率差異からなる。

　　作業時間差異＝標準賃率×(実際作業時間－標準作業時間)　　………(4)
　　賃率差異＝(実際賃率－標準賃率)×実際作業時間　　………(5)

作業時間差異は，実際作業時間と標準作業時間の差を標準賃率で評価した金額である。直接工の実際作業時間が，科学的に予定していた標準作業時間と比

較して節約できたのか（有利差異，貸方差異），浪費したのか（不利差異，借方差異）がわかる。直接工という労働力の投入物の能率の良否をみていることになる。作業時間差異により，直接工の作業能率，作業スケジュールの良否がわかり，部門責任者の統制能力を判断するのに示唆を与える。

賃率差異は，実際賃率と標準賃率の差を実際作業時間で評価した金額である。標準賃率より高い賃率の直接工が作業すれば，不利差異が発生し，逆に標準賃率より低い賃率の直接工が作業すれば，有利差異が発生する。賃率差異は，直接材料費の価格差異と同様で，標準原価計算固有の差異ではない。実際原価計算のもとでも，標準賃率の代わりに予定賃率を用いていれば計算できる。なお，賃率差異を求めるのに，実際（平均）賃率をわざわざ計算する必要はない。実際直接労務費から，標準賃率に実際作業時間を掛けた直接労務費予算額を引いた金額として計算した方が合理的である。

賃率差異＝実際直接労務費－標準賃率×実際作業時間　　　………(6)

＊　　　　＊　　　　＊

**例題 5-2**　以下の標準原価計算を採用しているＴＲ社白金工場の直接労務費に関する某月のデータから，標準原価差異を原因別に計算しなさい（実際生産データは例題5-1の②と同様とする）。

① 原価標準　　　1,500円／時間×10時間／個＝15,000円／個
② 実際消費高　　1,525円／時間×2,480時間＝3,782,000円

〔解説と解答〕

図5-3のように，Ｘ軸に作業時間をとり，Ｙ軸に金額をとれば，直接労務費の予算線がY＝1,500 Xという直線で描ける（Y＝1,525 Xという点線で示した直線は，実際賃率のもとでの消費額を示すグラフである）。不利差異を前提として標準作業時間と実際作業時間をＸ軸にとれば，作業時間差異と賃率差異を示すことができる。

1. 実際生産量は，例題5-1の②のデータから，次のように計算できる（直接労務費は加工費であるので，仕掛品の完成品換算率は50％である）。

230＋40×50％－20×50％＝240 個

240 個の生産をするのに必要な標準作業時間は，2,400 時間（＝240 個×10 個／時間）である。

2. 標準原価は，次のように 2 通りの式で 3,600,000 円と計算できる。差異分析するためには，後者の方が有益である。

標準原価＝15,000 円／個×240 個
　　　　＝1,500 円／時間×2,400 時間

3. 総差異の 182,000 円（＝3,782,000－3,600,000：不利差異）は，次のように作業時間差異と賃率差異に分解できる。

作業時間差異＝1,500×(2,480－2,400)＝120,000 円(不利差異)
賃率差異＝(1,525－1,500)×2,480
　　　　＝3,782,000－1,500×2,480＝62,000 円(不利差異)

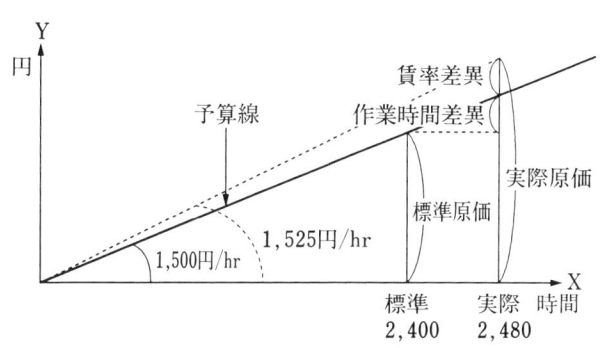

図 5－3　直接労務費の差異分析（1）

なお，直接材料費の場合と同様に，面積図でもってみるならば，図 5－4 のように，不利差異を前提として，作業時間を横の長さに，賃率を縦の長さにとれば，作業時間差異と賃率差異を表示することができる。

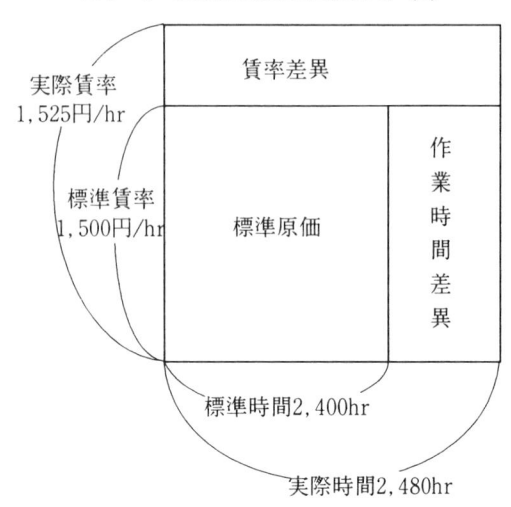

図 5-4　直接労務費の差異分析 (2)

```
実際賃率       賃率差異
1,525円/hr
          ┌─────────────┬─────┐
          │             │ 作  │
標準賃率   │             │ 業  │
1,500円/hr │   標準原価   │ 時  │
          │             │ 間  │
          │             │ 差  │
          │             │ 異  │
          └─────────────┴─────┘
                標準時間2,400hr
                     実際時間2,480hr
```

### (5) 変動製造間接費の差異分析[12]

変動製造間接費の差異は，能率差異と予算差異からなる。

　　能率差異＝標準配賦率×(実際操業度－標準操業度)　　　………(7)
　　予算差異＝実際変動製造間接費－標準配賦率×実際操業度　………(8)

配賦基準として直接作業時間を用いている場合，能率差異は，実際の直接作業時間と標準直接作業時間の差を標準配賦率で評価した金額である。予算差異は，実際発生額から実際直接作業時間における許容予算額を引いた金額である。

配賦基準としての直接作業時間に妥当性があるかぎり，形式的には，能率差異は，直接労務費の作業時間差異において，標準賃率の代わりに標準配賦率（変動費率）を用いているにすぎなくなる。直接作業時間の能率の良し悪しによって，製造間接費をどれほど節約したのか（有利差異）あるいは無駄にしたのか（不利差異）を示す。標準原価計算では，この能率差異を計算できるところに特徴がある（直接材料費の消費量差異も，直接労務費の作業時間差異も，一種の能率差異である）。

第5章 短期経営統制のための管理会計　　123

　予算差異は，形式的には賃率差異と同じである。しかし，製造間接費の場合には，標準原価計算を採用しているかぎり，実際配賦率（＝実際発生額／実際作業時間）を計算する必要性は全くない。実際配賦率と標準配賦率の差を実際直接作業時間で評価した金額として，予算差異を計算する意味はないのである。そもそも，製造間接費は，補助材料費等の間接材料費，間接工賃金等の間接労務費，光熱費や減価償却費等の間接経費からなる。そのため，直接材料費や直接労務費のような単一の原価要素ではない。これを単一の配賦基準でもって計算しているのである。前記したように，直接材料費の価格差異も，直接労務費の賃率差異も，一種の予算差異である。製造間接費の予算差異は，実際の製造間接費発生額が，配賦基準として用いている実際の作業時間のもとでの許容予算額と比較して，多く発生したのか（不利差異），少なく発生したのか（有利差異）をあらわす指標である。

＊　　　　　＊　　　　　＊

〔例題 5-3〕　以下の標準原価計算を採用しているＴＲ社白金工場の変動製造間接費に関する某月のデータから，その標準原価差異を原因別に計算しなさい（実際生産データは例題5-1の②と同様であり，実際直接作業時間データは例題5-2の2,480時間と同様である）。

　①　変動製造間接費予算（月間予定操業度＝2,500 hr）　2,500,000 円
　　　製造間接費は直接作業時間を基準にして配賦する。
　②　実際発生額（＝消費額）　　　　　　　　　　　　2,604,000 円

〔解説と解答〕

　図5-5のように，Ｘ軸に作業時間をとり，Ｙ軸に金額をとれば，変動製造間接費の予算線がＹ＝1,000 Ｘという直線で描ける。配賦基準が直接作業時間であるので，基本的には直接労務費の差異分析と同じである。不利差異を前提として標準作業時間と実際作業時間をＸ軸にとれば，能率差異と予算差異を示すことができる。

　1．経営計画上の標準配賦率と原価標準は次のとおりである。
　　　　標準配賦率＝2,500,000÷2,500＝1,000 円／時間

原価標準＝1,000円／時間×10時間／個＝10,000円／個

2. 製造間接費は，直接労務費と同様に加工費であるから，実際生産量の計算は直接労務費と全く同じである。標準作業時間は，2,400時間（＝240個×10個／時間）になる。

3. 標準原価は，次のように2,400,000円であるが，インプット要素でもって差異分析をするためには，後者の式が有益である。

標準原価＝10,000円／個×240個
　　　　＝1,000円／時間×2,400時間

4. 総差異は，次のように分解できる。

能率差異＝1,000×(2,480－2,400)＝80,000円（不利差異）
予算差異＝2,604,000－1,000×2,480＝124,000円（不利差異）

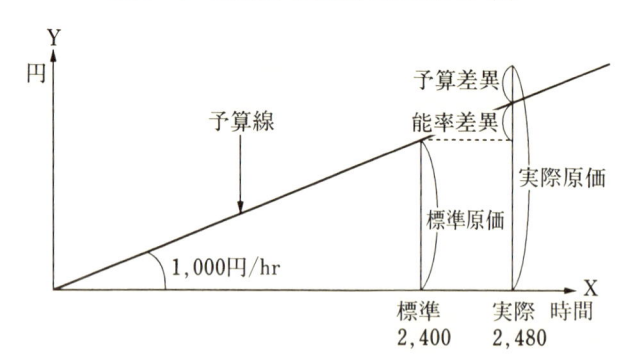

**図5－5　変動製造間接費の差異分析（1）**

また，直接材料費や直接労務費と同様に，**図5－6**のように，面積図でもって差異を説明することもできる。不利差異を前提として，作業時間を横の長さに，配賦率を縦の長さにとれば（実際配賦率は計算しなくてもよい。実際発生額が一番外側の長さの面積で示されていることさえ理解しておけばよいからである），能率差異と予算差異を表示することができる。

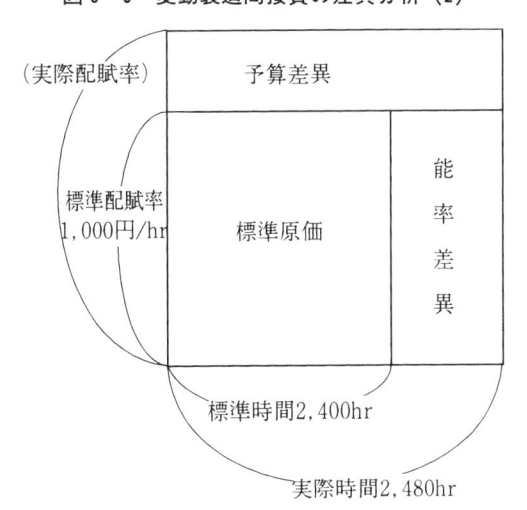

図5-6　変動製造間接費の差異分析（2）

（実際配賦率）　予算差異

標準配賦率
1,000円/hr　標準原価　能率差異

標準時間2,400hr
実際時間2,480hr

## 第3節　利益統制

### (1) 直接標準原価計算

　利益は，製造活動と販売活動の両面の影響を受け，収益と費用の差額として計算される。利益統制のためには，原価統制だけでなく，収益を含めた統制が必要になる。また，原価統制も，製造原価の統制だけが目的ならば，標準原価計算を利用して標準原価差額を原因別に差異分析することが可能である[13]。しかし，営業利益の統制まで対象とするならば，予算と実績の比較による販売費や一般管理費の統制も必要になる。販売費の予算差異は販売活動の差異であり[14]，一般管理費の予算差異は一般管理活動の差異である。

　利益統制は，利益計画との対比の上で実施される。前章で見たように，短期利益計画目的には，直接原価計算方式の損益計算が有益であった[15]。そこで，利益統制を利益計画とリンクして行うために，原価統制目的用の標準原価計算を利益計画目的用の直接原価計算と結合させるとよい。この統合原価計算が，直接標準原価計算（direct standard costing）である。標準原価計算が予算と結

びつけて利用されることにより，利益の予算・実績差異分析が可能になる。直接標準原価計算方式における実際営業利益では，**表 5-1** のように，実際の売上高から標準変動費を差し引いた限界利益に原価差異を加減して実際限界利益を算定する形式をとればよい。

**表 5-1　直接標準原価計算方式による実際営業利益の計算例**

| | |
|---|---|
| 売　上　高 | @98,000×240 個＝23,520,000 円 |
| 標 準 変 動 費 | @60,000×240 個＝14,400,000 円 |
| 限　界　利　益 | 9,120,000 円 |
| 標準変動費差異 | 764,000 |
| 実際限界利益 | 8,356,000 円 |
| 固　定　費 | 7,550,000 |
| 営　業　利　益 | 806,000 円 |

## (2) 販売価格差異と販売量差異

実際売上高と予算売上高の差異は販売価格差異と販売量差異に分解できる。

　　販売価格差異＝(予算販売価格－実際販売価格)×実際販売量　　………(9)

　　販売量差異＝予算販売価格×(予算販売量－実際販売量)　　………(10)

しかしながら，営業利益への影響を考えれば，販売量差異は，予算販売価格ではなく，予算限界利益でもって評価することもできる。

　　販売量差異＝単位あたり予算限界利益×(予算販売量－実際販売量)

　　　　　　　　　　　　　　　　　　　　　　　　　　　　　………(11)

販売量差異を計算するためには，実際の販売量にもとづく業績測定予算 (performance budget) を作成するとよい。業績測定予算とは，実際販売量を，予定販売価格，単位あたり予定原価（原価標準），単位あたり限界利益によって評価した予算である。これを年間の総合予算から換算した月次予算と比較することにより，得られるべき利益でもって評価した販売量差異が得られる[16]。

　　　　　　　　＊　　　　　＊　　　　　＊

**例題 5-4**　総合予算（年間）が次のようであったと仮定して，某月の実際

販売量が240個であったときの，獲得できなかった限界利益で評価した販売量差異を計算しなさい。

| 売 上 高 | @100,000円／個×3,000個＝300,000,000円 |
| 変 動 費 | @ 60,000円／個×3,000個＝180,000,000円 |
| 限界利益 | @ 40,000円／個×3,000個＝120,000,000円 |
| 固 定 費 | 90,000,000 |
| 営業利益 | 30,000,000円 |

〔解説と解答〕

年間総合予算を12で割って求めた①月次予算を，240個の実際販売量のもとでの②実績予算と比較し，10個の差異を@40,000で評価することにより，400,000円の限界利益（営業利益）を獲得できなかったことを示せる。

| | | 月次予算<br>①<br>(250個) | 業績予算<br>②<br>(240個) | 販売量差異<br>①−②<br>(10個) |
|---|---|---|---|---|
| 売 上 高 | @100,000 | 25,000千円 | 24,000千円 | 1,000千円 |
| 変 動 費 | @ 60,000 | 15,000千円 | 14,400千円 | 600千円 |
| 限界利益 | @ 40,000 | 10,000千円 | 9,600千円 | 400千円 |
| 固 定 費 | | 7,500 | 7,500 | ―― |
| 営業利益 | | 2,500千円 | 2,100千円 | 400千円 |

＜注＞

1) 長期経営統制は長期経営計画にもとづくものである。すなわち，長期経営計画を作成した期間が終了したとき，その全体業績を測定することになる。しかし，経営統制は問題が発見されたならばすぐに対応しなくてはならないので，期間終了時点ではなく，短期経営統制の期間のなかで対応していく方が合理的である。たとえば，常に12ヵ月予算を編成していく継続的予算（continuous budget/ rolling budget）では，ある1ヵ月が終わったら将来の1ヵ月を追加予算編成して，合計で12ヵ月予算とする方法である（Horngren et al., 2008, p. 304）。このような予算では，予算編成と統制が継続的に行われていくことになる。

2) 原価センター，利益センター，投資センターの3分類が通常である。この5分類は，Miller（1982, pp. 37-39）による。企業組織の観点からは，費用センタ

一，原価センター，収益センターは一部の営業活動に対してのみ責任をもつ部門である。この集合体が，職能部門別組織である。利益センターは，原価センターと収益センターを兼ね備えた部門である。この集合体が，事業部別組織（事業部制）である。投資センターは，企業のなかの企業という位置づけの部門であり，事業部制の独立採算性が強く意識された組織である（最近の例で言えば，日本企業のなかにもカンパニー制という名称で採用しはじめた）。

3) 売上高と販売費であり，その差額としての利益に責任をもっているため，利益センターと呼ばれることもある。しかし，生産権限をもっていないかぎり，収益の発生が主であり，それに付随する費用の責任をもつにすぎない。差額も利益ではないので，収益センターと呼ぶ方がふさわしい。別の見方をすれば，第1次的に原価センターと利益センターに分かれている組織が，職能部門別組織である。

4) 事業部制は，その成立過程から，部分単位である事業部の権限に相違がある。製品多角化などの戦略から，企業内で自然発生的に事業部制に移行してきた場合，投資権限は本社が掌握したままで，事業部は利益センターであることが多い。ところが，M＆A（合併と買収）戦略から事業部制を採用したきた場合，被合併（買収）の旧企業は新企業の一事業部になる。投資権限を残しておくならば，投資センターの位置づけにすることが多いと考えられる。

5) 『管理可能性』という用語が一般的である。たとえば，日本の『原価計算基準』では，管理可能費と管理不能費という区分を示している（第1章8(2)の6）。しかし，本書では，コントロールを『統制』と訳すことにより，プランニングとコントロールを併せ持ったマネジメント，すなわち『(経営)管理』の概念と区別する。コントロールを『管理』と訳すと，マネジメントとの区別がつかなくなるからである。

6) 岡本教授は，原価の管理可能性にもとづく分類として，「管理可能費（controllable costs）とは，ある責任センターで発生する（またはその責任センターに配賦される）原価につき，その責任センターの管理者が，一定期間内に，その費用の発生額にたいし，実質的に影響を及ぼすことができる費目のことをいい，しからざるものを管理不能費（uncontrollable costs）という」と述べている（岡本，2000, p.45）。これを参考に，本書では，収益，利益，投資額にまで統制可能性の概念を拡張した。

7) 当時の出来高賃金制のもとでは，経営者と労働者の双方が納得のいく賃率を設定するために，動作研究や時間研究にもとづく課業管理が必要とされ，能率追求のための標準が設定された。
8) 標準原価計算の詳細な発達史に関しては，岡本（1969）を参照されたい。
9) 未完成品である仕掛品の期首および期末の在庫量に相違があれば，以下のように実際生産量（当期作業量，投入量）が計算される。

$$実際生産量＝完成品量＋期末仕掛品の完成品換算量－期首仕掛品の完成品換算量 \cdots\cdots(13)$$

10) 標準原価から実際原価を引いてもよい。その場合には，マイナスならば不利差異（借方差異）であり，プラスならば有利差異（貸方差異）になる。
11) 正確には，購入価格差異を用いるべきである。

$$購入価格差異＝(実際購入価格－標準購入価格)×実際購入量 \cdots\cdots(14)$$

12) 全部原価計算を想定した場合，固定製造間接費は，変動製造間接費と同様に，期間原価（＝費用）ではなく，製品に配賦されることになる。すなわち，標準配賦率が，変動費部分からなる変動費率と，固定費部分からなる固定費率から構成されることになる。そして，固定製造間接費に関して，以下の差異分析が可能になる。ただし，能率差異と操業度差異は，操業度のいかんにかかわらず発生する。

$$能率差異＝固定費率×(標準操業度－実際操業度) \quad \cdots\cdots(14)$$
$$操業度差異＝固定費率×(実際操業度－予定操業度) \quad \cdots\cdots(15)$$
$$予算差異＝実際固定製造間接費－予算額 \quad \cdots\cdots(16)$$

ここで，固定費を変動費化するための手段である固定費率は次式で求められる。

$$固定費率＝\frac{予定操業度における固定製造間接費予算}{予定(基準)操業度}$$

$$(＝標準配賦率－変動費率)$$

たとえば，例題 5-3 で固定製造間接費予算（月間）が 4,000,000 円であったとすれば，経営計画の時点で，

$$固定費率(標準固定製造間接費配賦率)＝4,000,000÷2,500$$
$$＝1,600 円／時間$$

原価標準＝1,600 円／時間×10 時間／個＝16,000 円／個

であり，実際に生産が行われた結果，原価が予定どおり，4,000,000 円発生したとすれば，

標準原価＝16,000 円／個× 240 個
　　　　＝ 1,600 円／時間×2,400 時間
　　　　＝3,840,000 円
総 差 異＝160,000 円（不利差異）

となり，総差異を分解すれば，次のようになる（**図 5－7** 参照）。

能 率 差 異＝1,600×(2,480－2,400)＝128,000 円〔不利差異〕
操業度差異＝1,600×(2500－2480)＝32,000 円〔不利差異〕
予 算 差 異＝4,000,000－4,000,000＝0

**図 5－7　固定製造間接費の差異分析**

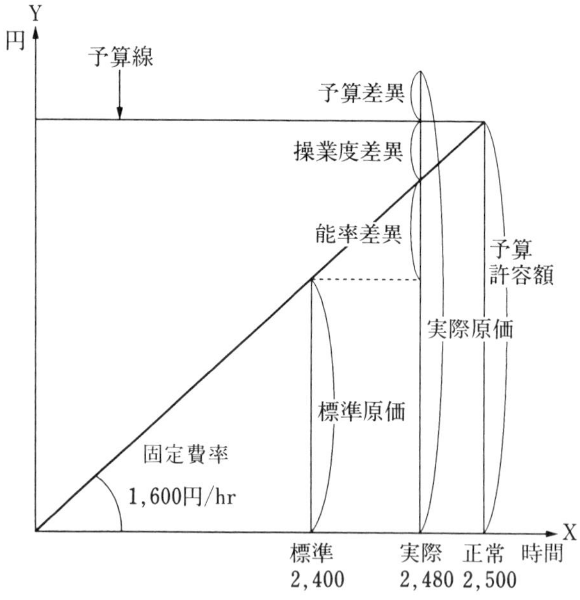
Y
円
予算線
予算差異
操業度差異
能率差異
予算
許容額
実際原価
標準原価
固定費率
1,600円/hr
X
標準
2,400
実際
2,480
正常
2,500
時間

なお，変動製造間接費と固定製造間接費をまとめて図示すると，**図 5－8** のようになる。

図 5-8 全部原価計算のもとでの製造間接費の差異分析（総括）

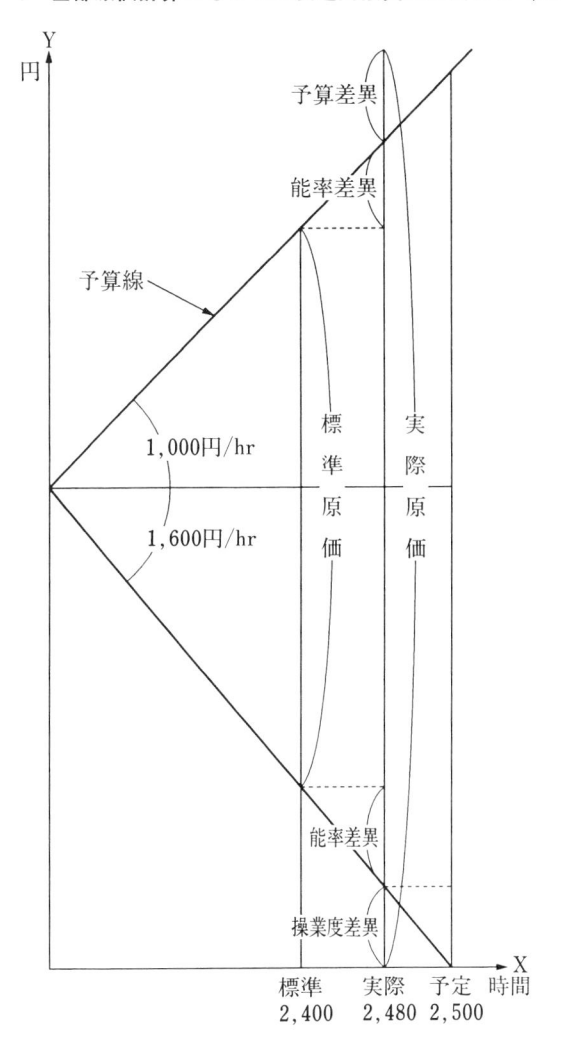

13) 固定製造間接費に対しては，直接原価計算を採用しているかぎり，原価標準は設定されない。ただし，予算差異が発生する可能性はある。

　　　予算差異＝実際発生額－予算額

14) たとえば，実際販売量が240個のときの販売費予算が1,200,000円で，実際

販売費が 1,224,000 円ならば，予算差異は，24,000 円の不利差異になる。変動販売費に対して原価標準を設定してあれば，販売活動の能率も測定できる。

15) 総合予算編成時に実際的生産能力と予算販売量に差があれば，利益計画の段階で予想遊休能力差異を算出することができる。たとえば，実際的生産能力からは年間 3,300 個生産できる。需要予測等の理由から予算販売量を 3,000 個に設定すれば，300 個分の遊休能力差異である。これを単位あたりの限界利益で評価すれば，利益計画の段階で予想できる逸失限界利益となる。

16) 販売量差異は一種の操業度差異である。すなわち，販売量差異は，販売部門の達成目標である販売割当量と実際受注量の差から発生したのであれば，販売活動の良否から発生した可能性が高く，通常は販売部長が責任を負うべき差異になる。生産部門の達成目標である生産割当量と実際生産量の差から発生したのであれば，統制可能なものについては製造部長が責任を負うべき差異になる。

## ◇ 練習問題

**5-1** MG社の横浜工場では，利益統制目的のため直接原価計算を採用している。下記データから，12月の標準原価差異を原因別に計算しなさい。

1. 原価標準（標準原価票）
   直 接 材 料 費　1,000 円／kg ×50 kg／個＝50,000 円／個
   直 接 労 務 費　1,200 円／時間×5 時間／個＝ 6,000 円／個
   変動製造間接費　 500 円／時間×5 時間／個＝ 2,500 円／個
   　　合　　　計　　　　　　　　　　　　　　 58,500 円／個

2. 年間予定操業度（＝30,000 直接作業時間）における変動製造間接費予算
   補 助 材 料 費　100 円／時間×30,000 時間＝ 3,000,000 円
   消 耗 品 費　 50 円／時間×30,000 時間＝ 1,500,000 円
   間 接 工 賃 金　 80 円／時間×30,000 時間＝ 2,400,000 円
   修 繕 費　 90 円／時間×30,000 時間＝ 2,700,000 円
   電 力 料　 70 円／時間×30,000 時間＝ 2,100,000 円
   ガ ス 代　 60 円／時間×30,000 時間＝ 1,800,000 円
   水 道 代　 40 円／時間×30,000 時間＝ 1,200,000 円
   雑 費　 10 円／時間×30,000 時間＝　 300,000 円
   　　合　　計　　　　　　　　　　　　　　15,000,000 円

   変動製造間接費は，直接作業時間を基準にして配賦している。

3. 12月の実際生産データ

| | | | | |
|---|---|---|---|---|
| 月初仕掛品 | 20 個 (0.5) | 完 成 品 | 450 個 | |
| 当 月 着 手 | 470 | 月末仕掛品 | 40 | (0.5) |
| 計 | 490 個 | 計 | 490 個 | |

括弧内は，加工進捗度をあらわす。
直接材料は，工程始点で投入される。

4. 12月の実際消費高データ

| | |
|---|---|
| 実際直接材料費 | 23,380,000 円 |
| 直接材料実際消費量 | 22,950 kg |
| 実際直接労務費 | 3,050,000 円 |
| 直接作業時間 | 2,480 時間 |
| 変動製造間接費実際発生額 | 1,200,000 円 |

**5-2** ＴＲ社の以下の資料から，直接標準原価計算による標準営業利益と実際営業利益の予算・実績差異分析を行いなさい。

1. 総合予算

| | |
|---|---|
| 売　　上　　高 | ＠100,000 円／個×3,000 個＝300,000,000 円 |
| 変 動 売 上 原 価 | ＠ 55,000 円／個×3,000 個＝165,000,000 円 |
| 変 動 販 売 費 | ＠　5,000 円／個×3,000 個＝ 15,000,000 円 |
| 限 界 利 益 | ＠ 40,000 円／個×3,000 個＝120,000,000 円 |
| 固定製造原価 | 48,000,000 円 |
| 固 定 販 売 費<br>一 般 管 理 費 | 42,000,000 円　90,000,000 円 |
| 営 業 利 益 | 30,000,000 円 |

2. 原価標準

| | |
|---|---|
| 直 接 材 料 費 | 1,000 円／kg ×30 kg／個＝30,000 円／個 |
| 直 接 労 務 費 | 1,500 円／時間×10 時間／個＝15,000 円／個 |
| 変動製造間接費 | 1,000 円／時間×10 時間／個＝10,000 円／個 |
| 合 　 計 | 55,000 円／個 |

3. 実際生産データ

| | | | | |
|---|---|---|---|---|
| 月初仕掛品 | 20 個 (0.5) | 完 成 品 | 230 個 | |
| 当 月 着 手 | 250 | 月末仕掛品 | 40 | (0.5) |
| 計 | 270 個 | 計 | 270 個 | |

括弧内は，加工進捗度をあらわす。
直接材料は，工程始点で投入される。

4. 販売(実績)データ

|  |  |  |  |
|---|---|---|---|
| 月初製品 | 20 個 | 当月販売量 | 240 個 |
| 当月完成量 | 230 | 月末製品 | 10 |
| 計 | 250 個 | 計 | 250 個 |

5. 実際発生額データ

| 実際売上高 | @98,000 円／個×240 個＝23,520,000 円 |
|---|---|
| 直接材料費 | 1,020 円／kg×7,700 kg＝ 7,854,000 円 |
| 直接労務費 | 1,525 円／hr×2,480 hr＝ 3,782,000 円 |
| 変動製造間接費 | 2,604,000 円 |
| 固定製造間接費 | 4,000,000 円 |
| 変動販売費 | 1,224,000 円 |
| 固定販売費一般管理費 | 3,550,000 円 |

〔ヒント〕 総合予算は第4章で示した例,原価標準は本章の第2節で示した例と,それぞれ同じである。

◇研究問題

**5-1** S工場では5年前に巨額の設備投資をし,機械の一部に産業ロボットを導入した。しかし,故障が多かったので,現在は停止している。新任の工場長は,最新鋭のFMS (flexible manufacturing system) の導入を本社に提案した。しかし,資金調達の点でメドが立たないので,予算委員会では当面は却下が決定された。産業ロボットの減価償却費(定額法を用いている)は工場長にとって統制可能であろうか。

**5-2** 事業部長は,その事業部に属している固定資産およびその減価償却費を統制できるであろうか。

〔ヒント〕 固定資産への投資決定権限が重要なポイントである。事業部長の決定的な反対を押し切って,新たな設備投資や現有固定資産の処分の意思決定が行われるであろうか? 設備投資計画によって決定され,いったん投下されると耐用年数の全期間にわたって束になって発生する。また,統制可能資産を利用する原価は統制可能であり,統制不能資産を利用する原価は統制不能であると考えることができる。

**5-3** 直接材料費の差異分析において,(実際価格－標準価格)×(実際消費量－

標準消費量）で計算できる部分（いわゆる，混合差異）が，通常は価格差異に含まれているのは，どうしてであろうか。

5-4 直接材料費について，多額の不利な消費量差異が生じたとき，当該工場長にとって統制可能であったかどうかを，いくつかの状況を想定して考察しなさい。

〔ヒント〕 消費量差異は，通常は部門責任者たる工場長の責任である。しかし，使用した材料に欠陥があったとすれば，購入責任者にも責任があるかもしれない。逆に，多額の不利な消費価格差異が生じた場合でも，必ずしも購入責任者だけの責任ではなく，消費（生産）側の都合で緊急の割り込み注文をしたために生じたならば，工場長の責任になるかもしれない。

5-5 MG社の白金工場では，すべての製造原価でもって製品原価を計算する全部原価計算を採用している。下記データから12月の標準原価差異を原因別に計算しなさい。

1. 原価標準（標準原価票）

| | | |
|---|---|---|
| 直接材料費 | 1,000 円／kg ×50 kg／個＝ | 50,000 円／個 |
| 直接労務費 | 1,200 円／時間× 5 時間／個＝ | 6,000 円／個 |
| 変動製造間接費 | 500 円／時間× 5 時間／個＝ | 2,500 円／個 |
| 固定製造間接費 | 1,600 円／時間×10 時間／個＝ | 16,000 円／個 |
| 合　計 | | 74,500 円／個 |

2. 製造間接費予算（年間予定操業度＝30,000 直接作業時間における予算）

| | 変動費 | 固定費 | 計 |
|---|---|---|---|
| 間接材料費 | 3,000,000 円 | 12,000,000 円 | 15,000,000 円 |
| 間接労務費 | 1,800,000 円 | 48,000,000 円 | 49,800,000 円 |
| 間接経費 | 10,200,000 円 | 60,000,000 円 | 70,200,000 円 |
| 合　計 | 15,000,000 円 | 120,000,000 円 | 135,000,000 円 |

製造間接費は，直接作業時間を基準にして配賦している。
変動予算を採用している。

3. 12月の実際生産データ

| 月初仕掛品 | 20 個 (0.5) | 完　成　品 | 450 個 |
|---|---|---|---|
| 当月着手 | 470 | 月末仕掛品 | 40　(0.5) |
| 計 | 490 個 | 計 | 490 個 |

括弧内は，加工進捗度をあらわす。
直接材料は，工程始点で投入される。

4. 12月の実際消費高データ

|  |  |
|---|---:|
| 実際直接材料費 | 23,380,000 円 |
| 直接材料実際消費量 | 22,950 kg |
| 実際直接労務費 | 3,050,000 円 |
| 直接作業時間 | 2,480 時間 |
| 変動製造間接費実際発生額 | 1,200,000 円 |
| 固定製造間接費実際発生額 | 10,000,000 円 |

〔ヒント〕 製造原価に関して，基本的には練習問題5-1と同一の数値である。全部原価計算用にデータを一部修正してある。

# 第6章
# 管理会計の発展と課題

## キーワード

レレバンス・ロスト，バランスト・スコアカード，多元的目標，社会責任，社会貢献，代表職能，付加価値，活動基準原価計算，ABC，資源ドライバー，活動ドライバー，原価企画，原価改善，総合的原価管理，組織化職能，事業部制組織，職能部門制組織，M&A，TQC，JIT，CIM，FMS

## ❖本章の要約❖

1. 「現在用いられている管理会計手法の多くは，現在の経営管理者の意思決定目的にとって適切な情報を提供していない」という見解が，1980年代後半のアメリカで主張された。
2. 企業目標は，利益最大化だけでなく，総合的経営指標が必要である。
3. 代表職能や組織化職能を果たすための管理会計情報が確立されれば，管理会計の体系の中に追加される可能性がある。
4. 1980年代後半のフィールド・スタディの結果として注目された管理会計諸技法に，活動基準原価計算（ABC）や原価企画がある。
5. ABCは，正確な製品原価の計算のための方法である。その情報は注意喚起情報になる。
6. 原価企画は，設計・開発段階での原価見積りである。多品種少量生産形態における日本の自動車企業の実務として注目された。
7. 日本企業の優れた経営実務が国際的に注目されてきた結果，日本の管理会計はますます国際化する。
8. 個別計画に対する個別統制が必要であるのと同様に，長期計画に対する長期統制も必要である。
9. 経営管理者は有用な管理会計情報を用いて最終判断を下す。

## 第1節　レレバンス・ロスト

1987年にジョンソンとキャプラン（Johnson, T. H. and R. S. Kaplan）によって著された『レレバンス・ロスト――管理会計の盛衰――』は，米国ではもちろん，日本や欧州を含めた学界および実務界においても大きな反響を与えた。

彼らによれば，「1925年までに，米国の製造業は，今日知られている実質的にあらゆる管理会計手法を開発してしまった」（Johnson & Kaplan, 1987, p. 125；鳥居訳，1992, p. 115）という。

すなわち，米国においては，19世紀に入って産業革命が起き，軽工業から，重工業，商業へと発展していった[1]。これらの企業は，製造，輸送，販売という単一の職能を果たす単純な組織であった。経営管理者は，企業の内部活動を管理するための手段として，会計情報をたくみに利用していた[2]。水力発電を利用した一貫統合工場であったニューイングランド地方のライマン・ミルズ社（綿紡織業）では，多くの中間製品の内部能率を評価するため，ポンドあたりの加工費に注目していた。カーネギー・スチール社（鉄鋼業）では，直接費にもとづく価格政策を採用して，自社に有利な立場を築いた。ルーイビル・ナッシュビル鉄道（輸送業）では，トン・マイルあたり原価や営業比率の計算をセグメント評価に役立てていた。マーシャル・フィールド社（大規模小売業）では，利益率や回転率に注目した内部管理を実施していた。そして，1880年代から1910年代にかけてのテーラーらによる科学的管理運動[3]の高まりと現場管理の重視のなかで，標準原価計算が誕生する。やがて，デュポン火薬会社のように，製造，購入，輸送および流通を垂直的に統合した企業の出現により，職能部門別の投資利益率（ROI）や予算編成システムが考案された。第1次世界大戦を経て，経営規模の拡大化に対処するために，デュポン社やゼネラル・モーターズ（GM）社は，1920年代に事業部制組織を開発・導入し，ROI尺度による事業部業績測定を行い，成功した。このように，19世紀から20世紀初頭にかけては，組織構造の発展とともに，経営管理者は適切な会計情報を用

いて経営上の決定を行っていた。

　ところが，1925年以降は環境変化に適応できなくなったため，現在のところ通説と思われている管理会計の理論や実務は経営管理者のニーズに応えていないというのである。"relevance"という用語は，1950年代以降に管理会計分野で利用されるようになった単語である。経営意思決定に適切もしくは有益な情報を意味する（鳥居訳，1992, p.245）。レレバンス・ロストとは，これが喪失した（"lost"）という一種センセーショナルなタイトルであった[4]。経営環境が変化しているにもかかわらず，今日用いられている管理会計諸方法の中に，1925年以降に開発された革新的なものはほとんどないというのである。

　1960年代までは，米国国内市場が世界的規模の競争から相対的に隔離されていた。さらに重要な点は，20世紀に入って職業会計士が現れ，財務会計の優位性が確立したため，それまでの管理会計的な原価計算は消滅してしまい，外部報告用の棚卸資産評価額や売上原価の計算に必要な原価計算が重視されたことである（Johnson & Kaplan, 1987, pp.129-135；鳥居訳，1992, pp.118-124）。すなわち，会計情報とは財務会計情報であり，これを経営管理目的に利用すると問題が発生する。ゆえに，新たな"意思決定のための管理会計"の必要性が強調されてきた。そのひとつの現れとして，直接原価計算論争をとらえている。米国企業の経営管理者は，1925年までに開発されて今では陳腐化してしまった管理会計技法による誤った情報でもって，意思決定や経営統制をしている。特に1980年代になり，米国にとっては内外でグローバルな競争が激しくなり[5]，その結果，アメリカ経済が凋落したという論理展開をしている[6]。

　ジョンソンとキャプランが批判したのは，誤った情報を利用して意思決定しつづけている管理会計実務である。歴史的にみれば，機会原価や"異なる目的には異なる原価"の考え方は，1930年代から1950年代にかけて学究者によって強調された。DCF法が資本予算として企業経営の分野に導入されるのは1950年代以降である[7]。最近では，ORや情報経済学，エージェンシー理論への展開がある。これら学究者の学問的発展への貢献に対して，ジョンソンとキャプランは，非常に単純化された企業における単純な意思決定モデルの強調で

あると批判する (Johnson & Kaplan, 1987, p.175; 鳥居訳, 1992, pp.161-162)。管理会計実務から遊離した学問的発展に問題があったというのである[8]。

本書の第5章までで示してきた管理会計技法の多くは，この意味では，1925年までに開発されてしまったものである。1980年以前の伝統的な管理会計テキストに通説として記述されていた技法と理論を紹介したにすぎないのかもしれない。デュポン社の考案したROIを展開した財務諸表分析は第2章で，予算編成は第4章で，科学的管理法の結果誕生した標準原価計算は第5章でそれぞれ取り上げた。もっとも，直接原価計算（本書の第4章で述べた）やDCF法（同じく第3章の中心テーマである）は，1925年以降の技法ではある。機械化が進み，大量生産のための固定資産への投資が増加したことから，原価管理にとどまらない利益管理の必要性から，直接原価計算が考案された。原価管理をしていれば，利益は当然ついてくるカーネギー（Carnegie, A.）の時代とは異なるのである[9]。また，設備投資額が大きく長期にわたるようになったため，時間価値を考慮した割引計算が強調され，DCF法が管理会計技法として導入された。

次節では，これら現行の技法に対して主張されてきた，新たなる管理会計技法を紹介し検討してみよう。

## 第2節　管理会計の新たなる展開

### (1) 多元的利益目標への対応

企業の重要な活動は，外部より調達した経営資源を結合させて，財を外部に提供することにより，利益を獲得することである。すなわち，企業目標としては，利益の最大化にあるとされてきた。確かに，利益の最大化（最適化）は重要な目標である。私企業であるかぎり，将来もこの目標がなくなることはないであろう。しかし，そのような単一目標で，複雑な経営環境に対処する現実の企業活動をすべて説明することはできない。その上，管理会計的にも利益概念が種々ある。営業利益，粗利益，限界利益，貢献利益，経常利益，純利益など

である。さらに収益性の測定ということになれば，資本利益率等種々の収益性指標がある。

会計（財務）指標の範囲内ならば，第2章でも指摘したように，収益性指標以外に，財務安全性（健全性），成長性，生産性などを含めた総合指標は重要である。しかし，これら会計指標以外の指標による企業目標が必要なのかもしれない。たとえば，1990年代に入って注目されつつあるバランスト・スコアーカード（balanced scorecard）の手法は，顧客満足度，社内業務プロセス指標，革新指標を財務指標と同列にとらえ，戦略目標を業績目標に落とし込む方法である（Kaplan & Norton, 1992/1993/1996）。もっとも，指標が企業によって異なる可能性があり，客観的な指標を見つけ出すのは容易ではないように思われる[10]。要するに，財務諸表分析の限界を知った上で，あるいは利益目標は欠点をもつことを承知の上で，経営管理者が判断することが必要であろう。

ここで見方をかえて，企業を取り巻く利害関係者集団の拡大の観点から，管理会計を取り上げてみよう。所有と経営の分離が起きて以来，経営管理者は，投資家（株主）に対しての会計責任（アカウンタビリティ）を果たす必要が生じた。投資家から委託された財産に対する責任である。この責任を果たすために，報告する義務を負うのである。さらに，融資を受けることになれば，債権者（金融機関）も利害関係者であり，税金を納める義務を負うという意味では，税務当局（国・地方公共団体）も利害関係者になる（序章の図0-1を参照されたい）。企業の利害関係者は，拡大・複雑化の傾向にある。企業は投資家のものだけではない。ましてや，従業員や経営者のものではない。企業が社会的存在になり，良き企業市民として責任と権限を要請されるようになってきたからである。経営者は企業を代表して，種々の利害関係者（投資家，債権者，税務当局以外に，従業員，顧客，仕入先，地域社会など）と対応し，交渉し，意思決定することになる。この職能を経営管理者の代表職能としてとらえるならば，そのための管理会計情報が必要になるかもしれない。社会的存在としての企業が，社会との関わりを管理会計の立場から開示できないだろうかという

ことである。従来の公表財務諸表以外の会計情報が必要になるだろう。利害関係者別に企業が貢献した活動に対する数量的情報である。それは一種の獲得利益の配分のための情報である[11]。

付加価値分析は，この種の情報として示唆を与える手法である。付加価値とは，個別企業が社会経済の生産性および分配に寄与した額である。すなわち，他企業から財・サービスを購入して，自企業で新たに生み出した純生産額である。加算法[12]の付加価値は通常，次式のとおりである[13]。

当期純利益＋人件費＋金融費用＋賃借料＋租税公課（＋減価償却費）

当期純利益は投資家，人件費は従業員（と経営者），金融費用は金融資本家（債権者），租税公課は国・地方公共団体（社会一般）という配分具合である。

しかし，企業が自主的に開示しようと考えたとき，これ以外の付加価値を追加する可能性がある。公益団体への寄付，環境対策費の充実を図るなど，社会的には望ましいと思われる行為である。しかし，企業が社会との共生（共存）を強めるならば，結果として，投資家への配当，従業員への給与，さらには内部留保といった従来の配分成果が下がってくる可能性はある。

### ⑵ ＡＢＣ

第2章の財務諸表分析では，実績記録情報にもとづく公表財務諸表が正確な製品原価を示しているという前提があった。その結果，問題点が発見されれば，第3章の問題点の解決，すなわち経営意思決定に入ったのである。

管理会計情報が経営意思決定に適切な情報を提供していないという警鐘を鳴らしたキャプランは，クーパー（Cooper, R.）と共同して，1980年代後半に米国の実際の企業で採用されたABC（activity based costing）と称する技法をフィールド・スタディによって明らかにした[14]（Cooper & Kaplan, 1988/1991）。これがひとつの要因となり，アメリカ経済が復活したというシナリオができる（Johnson, 1992; 辻・河田訳, 1994）。

ABCは，間接費の配賦基準としての伝統的な直接作業時間基準への疑問か

ら発したものである。なるほど工場での生産が熟練工（直接工）の手作業で行われていた時代には，製造間接費の配賦基準として直接作業時間は合理的であった（直接作業時間と製造間接費の発生の間には，合理的な比例関係があった）。しかし，生産が設備中心で行われるようになると，直接工そのものの数も減り，直接労務費あるいは直接作業時間も当然減少し，これを製造間接費の配賦基準として用いることの合理性が疑わしくなってきたのである。さらに，かつての少品種大量生産時代には，段取時間も少なく，補助部門の支援活動も少なくてすんでいた。現代のような多品種少量生産時代には，段取回数が頻繁になり，支援活動原価（固定費というよりもむしろ長期の変動費である）が巨額になってきた。もはや配賦基準として，単一の直接作業時間（もしくは直接労務費）の利用では正確な製品原価が計算できないというのである。

　ABCでは，まず資源ドライバー（資源の消費を決定する原価作用因あるいはその作用因の量を測定する尺度）でもって，経済的資源を消費する（段取，直接作業支援などの）活動へ原価を跡づける。ついで，その原価を，活動ドライバー（製品，顧客，プロジェクトなどの原価計算対象を生み出すために必要とする活動量を決定する要因，あるいはその活動量を測定する尺度。たとえば，段取時間，直接作業時間など）でもって，活動から生み出される原価計算対象たるアウトプットに割り当てる。ABCでは，この2段階からなる計算を行う。伝統的な原価計算方法が，まず原価を部門に割り当て，ついで，その原価を，直接労務費，直接作業時間，機械作業時間などの単一生産量基準のみで配賦計算するのと対照的である[15]。すなわち，ABCの基本思考は図6-1のように2段階の計算構造をもつ。

　原価対象として製品品種と考えれば，ABCは合理的製品原価の計算方法である。ただし，その目的とするところは，財務会計的な製品原価の計算ではなく，製品別の収益性を正しく測定し，その結果，収益性のよくない製品品種を明らかにするところにある。

　もっとも，ABC情報は注意喚起情報はあっても，問題解決情報ではない。ある製品が赤字である場合，これを生産・販売中止すべきか否かの意思決定は

図 6−1　ABC システムの構造

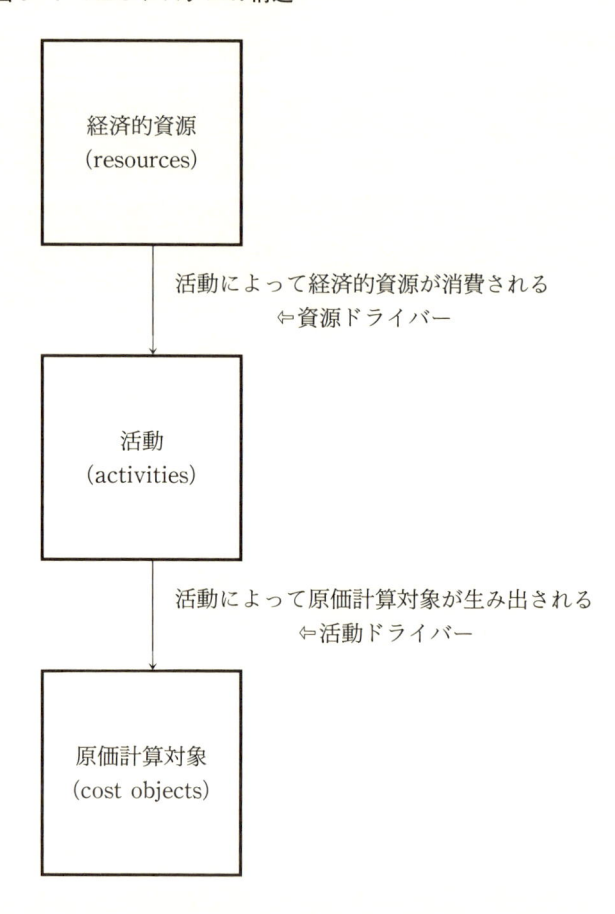

```
┌─────────────┐
│  経済的資源  │
│ (resources) │
└─────────────┘
       │         活動によって経済的資源が消費される
       ↓              ⇐資源ドライバー
┌─────────────┐
│    活動     │
│(activities) │
└─────────────┘
       │         活動によって原価計算対象が生み出される
       ↓              ⇐活動ドライバー
┌─────────────┐
│ 原価計算対象 │
│(cost objects)│
└─────────────┘
```

必ずしもできないからである。不採算部門廃止の一環としての利用可能性についても同様である[16]。経営管理者の職能（役割）からみれば，問題点の発見には役立っても，問題点の解決には直接的には役立たない。廃止すべきか否かの意思決定では，個別代替案の（時間価値を考慮した）予想増分現金流出入額こそが有益な情報である[17]。ただし，不採算部門を切り捨て，将来有望と思われる事業へ重点的に資源配分すること（これがリストラクチャリング，すなわち事業の再編成である。リストラ＝廃止・首切りではない）に関する意思決

定に役立つ情報は，それほど単純ではない。第3章の第3節で検討したように，投資プロジェクトの評価では通常，投資すべきプロジェクトは確定していた。リストラを考慮する際には，確定できないプロジェクトもありうるからである。この点については，ABCの適用可能性とともに，将来の課題でもある[18]。ABCが経常計算として管理会計システムのなかに組み込まれるならば，経営統制する際の注意喚起情報として有益になるかもしれない。ただし，固定製造間接費や販売費・一般管理費がかなりの部分を占めるようになってきた現代の企業では，膨大な配賦基準を用いることになる。ABCを臨時計算ではなく経常計算として導入するためには，現行の会計情報システムを作り直す必要がある。コンピュータの利用によってもコストがかかりすぎるという課題が生じる。

### (3) 原価企画

標準原価計算は，原価管理（原価計画・原価統制）に有効な手法として利用されてきた。事前原価管理（原価計画）として，予算編成の段階で，消費量要素に能率を加味して原価標準，すなわち単位あたりの標準原価を予測する。事後原価管理（原価統制）では，実績と予算を比較することにより，価格要素の差異と能率要素の差異を区別できる。

ところが，標準原価計算が誕生したのは，第5章でも述べたように，科学的管理法の影響を受けた今世紀初頭である。当時は，安定した生産技術のもとで，熟練工が規格製品を大量生産する形態であった。そのもとで，量産態勢に入った後の原価統制が重視されたのである。

しかし，現在は量産態勢に入る前の管理（計画）の重要性が増している。これが，原価企画（cost planning / target costing）である。

原価企画は，日本の自動車企業で1960年代に開発された方法といわれる。日本だけでなく世界で注目されるようになったのは，1980年代も後半になってからである（岡野，1995，pp.109-115）。原価企画とは，「新製品開発にさいし，商品企画から開発終了までの段階において，目標利益を確保するために設

定された目標原価を作り込む活動」(岡本, 2000, p.856) である。たとえば，トヨタ自動車では，新車の開発期間（企画・開発・設計から販売にいたるまでの期間）は4年であると言われる。チーフエンジニア（プロダクトマネジャーに相当する）のもとで，2万点もの部品のうち5千点内外の部品について新たな原価見積りが行われる（門田, 1991, pp.23-24）。

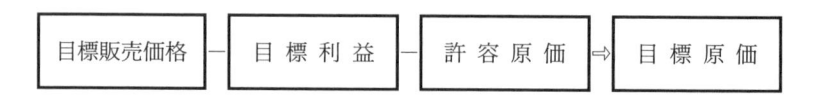

| 目標販売価格 | − | 目 標 利 益 | − | 許 容 原 価 | ⇒ | 目 標 原 価 |

原価企画において決定される目標原価は，積上式の原価見積りではない。目標販売価格から目標利益を差し引いて計算される「許容原価」を，努力して達成できる水準にしたものである。このようにして目標原価が決定されれば，実際の生産段階になっても，そこから大きく逸脱することはないと考えられる。

また，量産態勢に入ってからは，原価改善（cost improvement／kaizen costing）が実施される。原価改善は，日常の生産段階での継続的な原価低減活動である。原価企画とその後の原価改善が一体となって，総合的原価管理が可能になる。

原価企画は，中（長）期の経営計画にもとづいたものである。従来の標準原価計算が全く意味がなくなってしまったというよりも，事前原価管理（原価計画）の重要性が増加したとみることができる。標準原価計算において，原価標準を予測する際，中長期経営計画を策定する段階が重視されてきたとみることはできないだろうか。むしろ，差異分析をどのように利用するのかが問題である。アメリカでは，差異によって業績評価をして，個人の報酬に直結させるのが一般的である。日本では，業績測定はするが，個人ベースの評価をしない傾向がある。そうなると，もし標準原価計算を実施していても，単に形式だけに終わる可能性もある。

(4) 組織化のための管理会計情報

企業規模の拡大にともない，分権管理の必要性から考案された組織が事業部

制である。それは責任会計の実践でもある。事業部制組織の形態は企業により異なる。一般的には，意思決定権限の分散化を図り，独立採算性をめざすセグメントに分割し，その上にこれを統括する本社組織を置くという分権経営形態の組織である。すなわち，第1次的に製品別，地域別あるいは市場別に分類し，それぞれのセグメント（＝事業部）があたかも独立の企業であるかのように製造活動，販売活動および場合によっては購買活動までを行う組織である（図6-2参照）。第1次的に製造部，販売部，資材（購入）部，人事部，経理部というように職能部門に分類し，これらの部門を基礎とする職能部門別組織と対比される（図6-3参照）。事業部制組織においても，事業部に注目するならば，工場（製造部）と営業部（販売部）をもっているので，事業部の内部組織は職能部門別組織であるといえる。

米国で事業部制が導入されたのは，1920年代はじめのデュポン社やGM社である[19]。デュポン社は，第1次世界大戦後に，戦時中に生産していた無煙火薬の副産物の利用方法として製品多角化を進めた。このとき採用した組織が事業部制組織である。伝統的な火薬製品とは全く異なる（化学技術の利用とい

**図6-2　事業部制組織の基本形**

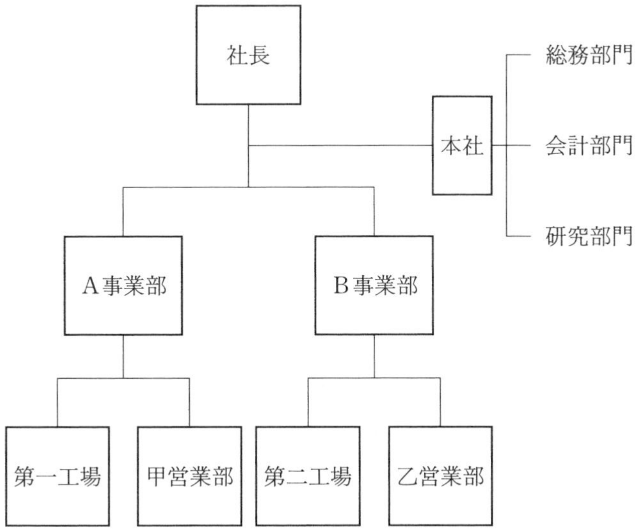

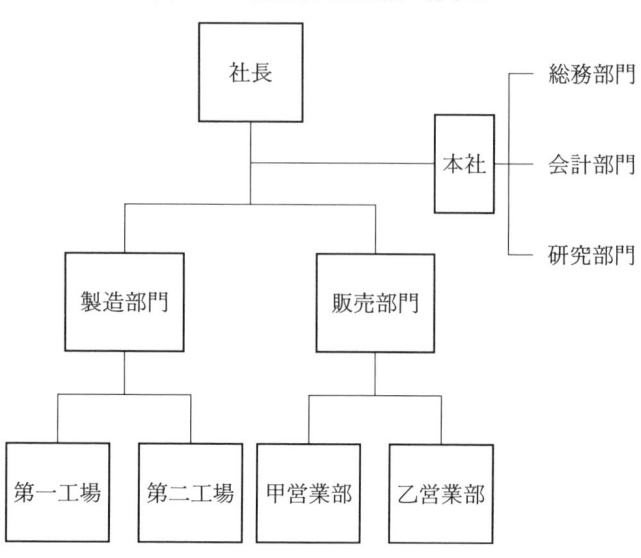

図6-3 職能部門別組織の基本形

```
           社長
            │
            ├──────── 本社 ──── 総務部門
            │                  ── 会計部門
            │                  ── 研究部門
     ┌──────┴──────┐
   製造部門        販売部門
    │              │
  ┌─┴─┐          ┌─┴─┐
第一工場 第二工場  甲営業部 乙営業部
```

う意味で共通点はあったが）プラスティック，化学繊維，ペンキ混和剤などの新製品を効率的に管理していく必要性から考案された組織であった。一方，GMは，もともと独立していた自動車会社や部品メーカーを統合して成立している。これら独立した単位の活動を全社的な共通目標に向けさせるために事業部制組織がつくられたのである。すなわち，企業方針と事業部業績との調整にあたるための，総合本社の創設であった。

日本では，1933年に事業部制を導入した松下電器産業が有名である。一般的に普及したのは第2次世界大戦後のことである。とくに1960年9月に発表された『事業部制による利益管理』（通商産業省）と称する答申を契機として，多くの企業がこの組織を導入した。しかし，もともと原価責任しかない工場をあえて利益センターとみなして利益責任を負わした事業部制もあったようである[20]。特定の営業所だけに，しかも，あらかじめ決定してある販売価格で販売するのでは，販売職能をもった真の事業部とはいえない。

責任会計の観点からみれば，事業部は投資センターあるいは利益センターである。米国の文献では，事業部を投資センターとみなすのが通常である[21]。

それは，事業部制の生成過程に依存するのかもしれない。すなわち，米国では，ビッグビジネス（巨大企業）が合併と買収（M&A）を重ねていく中で，事業部制組織が普及していった。合併あるいは買収された企業は，事業部という名称のもとに，新組織に組み込まれた。しかし，もともと事業部は独立の企業であったから，資金調達権限は別にしても，投資権限をある程度まで認めざるを得なかったのである。しかし，日本では，多角化戦略の過程で事業部制を採用していった。もともと企業のなかの新事業推進部のようなセグメントに採算のメドがたったところで，事業部として自立していくのであるから，投資権限まではない（もちろん，事業部に帰属する資産の使用責任はあるだろうが）。生産活動と販売活動の権限のみをもつ利益センターの位置づけになるのであろう。しかし，独立採算性を強調する組織単位ならば，事業部を投資センターとして位置づけ，投資利益率等の総合的指標を目標として業績評価すべきところである[22]。

　組織選択の決定（たとえば，職能部門制組織から事業部制組織へ変更すべきか否かの決定，現行の事業部制組織を一部組み換えるべきか否かの決定[23]など）には，管理会計上の問題解決情報を用いる。しかし，人の配置問題も含むため，人的資源の評価にかかわる情報も必要になるかもしれない。その際，経営管理者は，企業活動に必要な経済的資源を適当な時と場所で取得し，それらの最適な組み合わせを創り出す活動としての組織化職能を果たさなくてはならない。少なくとも，企業のトップマネジメントと呼ばれる経営管理者層は，経常的業務の計画と統制よりも，この種の長期的戦略的意思決定に取り組む必要がある。時間価値を考慮したキャッシュ・フロー情報は有用である。だが，将来はさらに有効な技法が開発される可能性がある。

## ⑸　管理会計の国際化

　ジョンソンとキャプランは，1980年代に，米国企業にとって強力な競争相手となった日本企業の特徴として，全社的品質管理（Total Quality Control：TQC），ジャストインタイム（JIT）在庫システム，コンピュータによる統合生

産システム（Computer Integrated Manufacturing：CIM）の導入などをあげている（Johnson & Kaplan, 1987, pp.210-216；鳥居訳, 1992, pp.194-200）。これらの実務を学ぶべきだという見解である。

　米国企業は，TQC ではなく統計的品質管理を採用していた[24]。一定の範囲の不良品の発生率を許容し，不良品が顧客に渡ったなちば，アフター・サービスでカバーする方式をとった。これに対し，日本企業は失陥品ゼロ目標をめざした。アフター・サービスも含めた総原価でみれば，結局は日本的の方が原価節約につながった。品質向上が国際競争に打ち勝つための重要な要素であることを，アメリカ企業は理解していなかったというのである。

　また，在庫管理においても，米国企業は注文費と保管費の合計が最少となる最適均衡解を経済的発注量として計算するという方法をとった。対照的に，日本企業は在庫を無くすという方針である。必要なときに，必要な量を，必要な場所にという発想である[25]。

　コンピュータ技術の積極的な応用により，日本企業は範囲の経済——同一生産設備で多品種製品を製造する能力——を得た。一方，米国企業は従前からの規模の経済——同一製品の大量生産による原価引き下げ——で勝負したというのである[26]。

　管理会計の技法や理論は，アメリカ製造業の繁栄とともに発展してきた。アメリカにおける管理会計研究は，アメリカ企業の管理会計実務にもとづき展開されてきた。この現象は日本でも同様であった。少なくとも，翻訳という輸入の学問を含めて，アメリカの管理会計理論を紹介する研究は盛んに行われてきた（本書もそのひとつであるといってよい）。アメリカ管理会計の実務と理論を経営現場に取り入れることにより，日本企業は成長してきた。その意味で，日本の管理会計はもともと国際的だったわけである。

　ところが，アメリカ企業，とくに製造業の弱体化にともない，アメリカ企業の経営者や学究者は他国の実務に関心をもちはじめた。いま日本企業が注目されつつある。グローバルな海外展開を進めた日本企業が，国際的に重要な地位を占めるようになってきたのである。アメリカの経営者，学者，政治家など

が，日本の経済・企業行動に注目しはじめた。ここで強調したいのは，アメリカ企業が日本企業の実務・経営管理に興味をもち，その手法を取り入れようとしている点である。かつては，日本的経営といえば，人事面が強調された。終身雇用，年功序列，企業別組合，社内研修制度などである。しかし，最近は生産面および管理会計面での日本的経営が注目されている。TQC, JIT, CIM, そして最近は原価企画，原価改善である[27]。優秀な企業が存在していれば，そこに優れた管理会計情報を利用して経営意思決定している経営管理者がいるという構図である。

　日本の管理会計実務が国際的な標準として確立していく一方で，その国独特の管理会計が必要なこともあろう。他国あるいは他企業でうまくいったことが，すべての企業で同様にうまく実施できるかどうかはわからないからである。むしろ，その企業（国）の経営風土に合わせて導入する必要がある。

　アメリカでは，ABCを利用して，レイオフも含めたリストラを1980年代後半に実施した。しかし，余剰と判明した人員でもって新規事業を探究し新製品の開発に専念する部署を設ける方向も，日本では考えるべきであろう。また，日本企業が海外進出する際，M&Aをすべきか否かの問題解決にあたっては，DCF法は有益に働くかもしれない。しかし，為替変動への考慮や政治的要因といった非会計的情報の配慮も必要である。海外子会社の業績評価においては，製品の品質やマーケットシェアーなどの非財務数値のみならず，現地住民との良好な関係や技術移転程度などの社会的貢献度も加味した総合評価が必要になるかもしれない（ただし，測定上の問題をともなうであろうから，それが管理会計固有の問題であるかについては疑問が残る）。このようなテーマでの国際（管理）会計は，従来からの管理会計理論（技法）を若干修正すれば済みそうな期待もある。一方で，日本の実情にあった管理会計研究の進展も必要である。

## 第3節　管理会計と経営管理者の判断

経営者の職能（役割）を本書の立場のように，(1)問題発見，(2)問題解決，(3)経営計画，(4)経営統制のサイクルとしてとらえるならば，**表 6—1** のように，有用な管理会計情報を特徴づけることができる。

**表 6—1　経営管理者の職能（役割）に有用な管理会計情報の特徴**

| 職能（役割） | 会計単位 | 会計期間 | 有用な情報 | 会計技法 |
|---|---|---|---|---|
| 問題点の発見 | 製品，業務単位 | 決算期間<br>(1年,半年,4半期) | 財務会計情報 | 製品原価計算<br>財務諸表分析 |
| 問題点の解決<br>（長期意思決定） | 個別プロジェクト<br>（投資案） | 貢献年数全体 | 予想増分現金<br>流出入額 | DCF法 |
| 問題点の解決<br>（短期意思決定） | 個別プロジェクト<br>（代替案） | 1時点 | 予想増分現金<br>流出入額<br>（差額費用）<br>（差額収益）<br>（差額利益） | 差額原価収益<br>分析 |
| 短期利益計画 | 製品，市場単位 | 決算期間<br>(1年,半年,4半期,1ヵ月) | 変動費<br>固定費<br>限界利益 | CVP分析<br>予算編成<br>（直接原価計算） |
| 短期利益統制<br>（⇒問題発見） | 責任センター | 決算期間<br>(1ヵ月,1週間,1日) | 統制可能費<br>統制不能費<br>統制可能利益 | 予算統制<br>（標準原価計算） |

ただし，現在までに開発・考案されてきた管理会計技法が，果たして適切に情報を提供できるかどうかの保証はない。問題点の発見のためには注意喚起情報であることが望ましい。現行の財務会計情報はそのように測定されていない。むしろ，短期利益統制において異常項目として問題点を発見する方が合理

的である。短期利益統制で用いる業績測定は，短期利益計画のもとでの予算との実績の比較である。本質的には財務会計情報の範囲を超えていない。ところが，問題解決の側面を取り上げるならば，キャッシュ・フロー情報になる。とくに，長期的意思決定では時間価値を考慮する方がよい。ここに，財務会計情報からの乖離が出てくる。すなわち，問題発見までは財務会計情報のままでも利用可能であるが，問題解決のためには財務会計情報とは別の情報にせざるを得ないのである。一方，意思決定にもとづき短期長期の経営計画を策定する段階になると，再び財務会計データに置き換えることになる。ここに，レレバンス・ロストの原因のひとつがあるのかもしれない。

経営管理職能を図6-4のように表してみよう（図1-2の修正版である）。長期計画（中期計画を含む）を短期計画や個別計画から区分して分離した。そして，サイクルを図6-5のように，(ア)，(イ)，(ウ)および(カ)としてとらえてみることができる（個別統制と長期統制をサイクルとしてとらえるよりも，その場その場で経営管理者が必要なときに実施すると考えればよい）。

ところが，この職能それぞれに有益な管理会計情報（技法）を明示することがいまだできていない。長期計画には原価企画が有効かもしれない。原価統制に重点を置いた標準原価計算ではなく，事前原価管理（原価計算）が増してきたとみることができる。また，個別統制や長期統制は，通常，短期統制の一環として実施されており，特別にはしていないのが現状であろう。ところが，この部分が経営管理者の能力にかかわる部分である。管理会計が戦略的情報を提

**図6-4　経営管理職能**

| 職能＼主体 | 個　別 | 長　期 | 短　期 |
|---|---|---|---|
| 計　画 | (ア) | (イ) | (ウ) |
| 統　制 | (エ) | (オ) | (カ) |

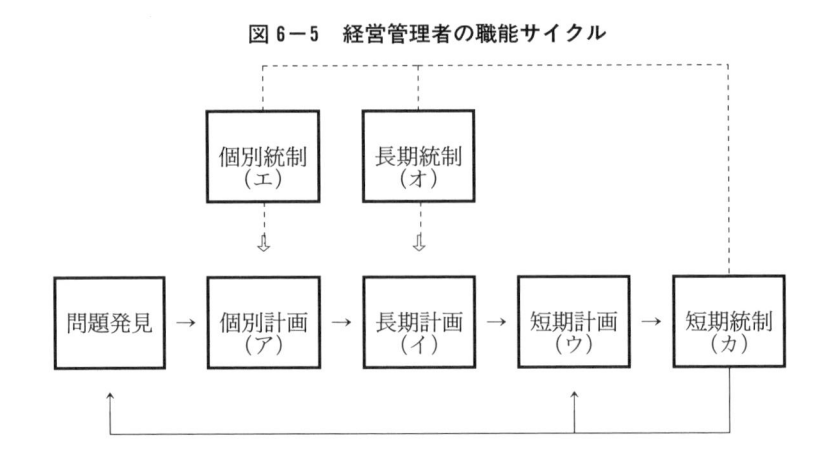

図6-5　経営管理者の職能サイクル

```
        ┌─────────────┐ ┌─────────────┐
        │  個別統制   │ │  長期統制   │
        │   (エ)      │ │   (オ)      │
        └──────┬──────┘ └──────┬──────┘
               ⇓               ⇓
┌──────┐   ┌──────┐   ┌──────┐   ┌──────┐   ┌──────┐
│問題  │→ │個別  │→ │長期  │→ │短期  │→ │短期  │
│発見  │   │計画  │   │計画  │   │計画  │   │統制  │
│      │   │(ア)  │   │(イ)  │   │(ウ)  │   │(カ)  │
└──────┘   └──────┘   └──────┘   └──────┘   └──────┘
    ↑                                           │
    └───────────────────────────────────────────┘
```

供できることを期待されているところであろう。ABCは，この情報になりうるかもしれない。ただし，1980年代から1990年代にかけて新たに考案（開発）された技法が，（近い）将来，有用な情報（技法）であろうことを期待して（誰もが納得する通説になる必要がある），本章は問題提起にとどめる。

　最後に，経営管理者は有用な情報を用いて判断を下す。それは，必ずしも数字的（会計的）に最適なものとはかぎらないという点を強調しておこう。たとえば，新製品を導入すべきか否かを判断する際に，経営管理者は最も収益性の高い代替案を採用するとはかぎらない。1番手の製品は大手企業が必ず参入してくるだろうから，中小企業には，2番手あるいは3番手の，大手企業にとってあまり魅力のない代替案を採用した方が，シェアーを確保できて有利であると判断するかもしれない（収益性は低いかもしれないが）。情報はあくまで補助であり，判断は人（経営管理者）が行うのである。


＜注＞
1)　豊富な資源（物的および人的）を背景に，機械化された大量生産方式が採用された。南北戦争によって統一的国内市場も形成された。こうして，19世紀末にはイギリスを凌ぐ世界第1位の工業国になった。

2) 19世紀の企業形態は非常に単純であり，基本的には単一製品を製造するのみであった。企業間競争もそれほど激しくなかった。会計尺度も，単純であった。現在では当然と考えられる，減価償却費の計上や製造間接費の配賦も基本的には必要なかった。
3) テーラーの著作をまとめて翻訳したものとして，上野訳(1969)は有益である。
4) 『レレバンス・ロスト』("Relevance Lost")には，ミルトンの『失楽園』("Paradise Lost")と同じ音節を用いたという意図もある(鳥居訳, 1992, p.246)。
5) 製品のライフサイクルの短縮化，製造業以外の分野（輸送業やサービス業）における規制緩和など，経営・製造環境が厳しい中で競争に立ち向かわなくてはならない（Johnson & Kaplan, 1987, pp.217-220.；鳥居訳, 1992, pp.200-203）。
6) これには，1980年代における米国経済（企業）の国際競争力低下という背景があると思われる。ドラッカー（Drucker, P.）は，早くも1963年に，将来の米国競争力低下に対する警告を発している（Drucker, 1963, p.56）。また，MITが1980年代後半に実施した米日欧の8産業の企業データベースをもとに分析・提言した報告書が，"Made in America"である（このタイトルも，一種センセーショナルである）(Dertouzous, et. al., 1990；依田訳, 1990)。なお，この著書の呼びかけに答える形で，日本でも同種の調査が実施された（吉川監修, 1994）。
7) DCF法は，過去60年間の管理会計実務における主要な革新であったと述べ，ある意味では評価している（Johnson & Kaplan, 1987, p.163.；鳥居訳, 1992, p.150）。
8) 彼らが強調したかったのは，競争的技術革新環境のもとでの新たな管理会計手法の必要性である。それは，優秀な企業は良い管理会計実務を開発するとの発想から，フィールド・スタディを強調する。そして，現在はコンピュータ技術の発展による情報処理能力の向上とコストの低下が享受できるのであるから，財務会計システムとは別の管理会計システムを構築すべきであると主張するのである（Johnson & Kaplan, 1987, p.118.；鳥居訳, 1992, p.109）。なお，1987年に創刊されたJournal of Cost Managementは，製造業における管理会計実務の調査を主たる研究対象とした雑誌である。1989年からはアメリカ会計学会の管理会計部会による年報 *Journal of Management Accounting Research*

も発刊された。日本でも多くのフィールド・スタディが行われた（たとえば，岡本・宮本・櫻井（1988），田中（1991）など）。フィールド・スタディが学問的に確立できるためには，産学協調体制が不可欠である。

9) カーネギーの好んだ金言は『原価を注視せよ。そうすれば利益は自然に生じてくるであろう』であったという（Chandler, 1977, p. 267；鳥羽・小林訳, 1978, p. 463）。

10) 企業評価法につながる。たとえば，日本経済新聞社と日経リサーチが共同開発した「プリズム（PRISM）」と称する多角的企業評価システムでは，環境対策，研究開発，従業員や消費者への対応などを，大量アンケートデータによる因子分析をもとに，有識者による主観的評価を回帰分析によって評価する方法である。収益・成長性だけにとらわれずに会社を得点化し，「優れた会社」を毎年選び出している。この方法では，評価項目が年度によって異なる。

11) 社会貢献会計と呼ぶことも可能である。企業はその反社会的行動から，社会責任を問われたことがある（1960年代から1970年代にかけての産業公害による環境破壊，石油危機の時期の生活必需品の売り惜しみ・買い占め行為など）。企業の社会責任が問われ，社会責任会計が社会的規制という観点から議論された。しかし，ここでいう社会貢献会計は，企業の経営管理者が長期目標（企業の存続目標）を達成するために，企業が負担する社会コストを自主的に公表する会計である（鳥居，1993, pp. 85-86）。

12) 控除法では，次式になる。

　　　　　純売上高−｛（原材料費＋支払経費＋減価償却費）
　　　　　　　　　　　＋期首棚卸高−期末棚卸高±調整額）｝

調整額とは，他勘定振替高，原価差額などに含まれる修正項目である。

13) 減価償却費は，本来，付加価値ではなく，資本蓄積を示すものである。含めて粗付加価値と言うことがある（その場合，含めないものを純付加価値と言う）。

14) ABCそのものの発想は，すでに今世紀初めにチャーチ（Church, A.H.）が主張した原価計算方法にあった。彼は，それまでの中心であった直接作業時間基準に代わって，機械率による間接費の詳細な配賦を主張した（Chruch, 1901——チャーチはこの年に多くの雑誌論文を発表している。雑誌そのものを直接入手して見ることは困難である。だが，この当時の文献を編集した書物が出版さ

れている→参考文献一覧)。彼は，機械化の進んだ工場を想定し，販売費および一般管理費までも製品に配賦する意図をもっていた。ただし，当時の情報処理能力のもとでは，そのシステムはあまりに複雑で，コストもかかりすぎたため，実務的には採用されなかった (Johnson & Kaplan, 1987, p.128; 鳥居訳, 1992, pp.117)。チャーチは，製造部門 (production center) として機械あるいは作業台をあげた。すべての間接費を変動費化する意図をもち，予定配賦率を利用したことによって，標準原価計算への橋渡しの役割も果たした。

15) 固定費を関係部門がその補助部門の用役を消費する能力の割合にもとづいて関係部門へ配賦し，変動費を関係部門がその補助部門の用役を実際に消費した割合にもとづき関係部門に配賦するという複数基準配賦法においても，補助部門費の製造部門への配賦（いわゆる部門費の第2次集計）では，その配賦基準は直接作業時間あるいは機械作業時間である。単一の生産量基準の枠内である。なお，複数基準配賦法については，岡本 (2000, pp.217-224) を参照されたい。

16) ABC に対しては，日本の企業は 1990 年代前半までは（とくにバブルがはじける前までは）比較的冷やかであった（長谷川，1992, p.52)。ABC が複雑な計算をともなったのも一因である（ABC を実施するためには，コンピュータの利用が不可欠である。そのために新たな情報処理コストが発生する可能性もあった)。しかし，バブル崩壊後，リストラ（不採算部門の切り捨て）に直面せざるを得なくなった日本企業の中に，ABC を再認識するところも出てきた（『企業会計』1995 年 10 月号の特集で，実務家による紹介がある。その反応の高さから，1996 年 9 月号にはその返答も掲載された)。リストラあるいはリエンジニアリングとの関連に関しては，吉川他著 (1994) も参照されたい。

17) 変動費＝関連原価，固定費＝無関連原価と仮定すれば，直接原価計算が問題解決情報として代用可能なのと同じ論理である。

18) ABC は原価割り当ての視点に立っている。これに対して，ABC の活動情報を利用して業務プロセスを分析する ABM (activity based management) の流れがある。この点については，Brimson (1990) が詳しい。

19) デュポン社，ゼネラル・モーターズ社などの事業部制成立史については，Chandler (1962)〔三菱経済研究所訳，1967〕が詳しい。デュポン社の事業部創設の経緯についてや GM 社の事業部管理のための総合本社創設の経緯についての事例研究により，チャンドラーは，「組織は戦略に従う (structure follows

strategy)」というひとつの結論を導出した。
20) 原価センターに内部振替価格を利用して疑似利益センター化することの問題点については，鳥居（1988）を参照されたい。利益誘因を与えるためには，市価による客観的なチェックが必要である。
21) 1960年代の米国における事業部制を採用した企業の実態を調査することで，事業部の業績測定問題を整理した代表的な著書として，Solomons（1965）があげられる。
22) 『カンパニー制』と称する組織では，カンパニーという名の投資センターが存在する。ただし，カンパニー制そのものは企業によって内容が異なる。海外子会社まで含めたグループ全体の経営管理のために導入したところもある。最初に採用したと言われているソニーのそれは，ソニー本体の事業本部制を徹底化するためのもののようである。持株会社への移行も含めて，今後もいくつかの企業で組織変更が起きるであろう。
23) 事業部を廃止すべきか否かの決定には，事業部活動自体の業績測定の情報が示唆を与える。事業部活動自体の業績測定は，事業部長の業績測定と異なり，事業部を継続させていることによって，当該事業部がどのくらい会社全体の業績に貢献したのかに焦点を向けた情報である（鳥居，1979，p.126）。ただし，これもＡＢＣが問題解決情報にならないのと同様に，注意喚起情報にすぎない。もし問題が発見されれば，代替案のキャッシュ・フロー情報が必要になる。
24) 日本でも，1950年代頃までは，アメリカから導入された統計的品質管理や標準原価計算を用いて資源の効率化が追求された。しかし，その後，従業員全員がすべての工程で品質管理を行うように変遷していったものと思われる。
25) 日本でのジャスト・イン・タイムの考えは，早くからあった。1938年に完成したトヨタ自動車の挙母工場に，豊田自動織機製作所での経験を生かした流れ作業を導入する過程で，豊田喜一郎氏が提唱した。各工程の有機連結下の統一（同期化）をめざしたという。それは，次の昭和13年11月号『流線型』掲載の巻頭言《挙母工場の完成に際して》から想像できる（トヨタグループにより設立された産業技術記念館の掲示板より引用）。

「設備の完全化と能率の向上に従って材料，部品，其の他一切の関係品も亦有機連結下に統一され，所謂『ヂャスト・イン・タイム』（Just in time）に各施設も進められていく譯であります」

26) この点は多少の誇張があるかもしれない。日本企業が巨額で回収期間が長期にわたる産業ロボットの導入やFMSやCIMへの投資に積極的であったのは，確かである（欧米では，仕事を奪われるという危機感から，労働組合の反対が強いと言われる）。日本の経営管理者が長期的観点で意思決定できたひとつの証拠でもあろう。3～5年で成果を出さないと株主から罷免される米国のトップマネジメントとは，スタンスが異なるかもしれない。
27) 日本人によって著された原価企画に関する英文文献も多い（たとえば，Sakurai (1989), Monden & Hamada (1991), Tanaka (1993) など）。また，人への影響力や市場指向の管理を強調した日本的管理会計の特徴を述べたものとしては，Hiromoto (1988/1991) がある。

### ◇研究問題

**6-1** 日本的生産方式と言われるJIT，TQC，CIMについて内容を調べ，それが管理会計にどのような影響をもつのかを考えなさい。

**6-2** 日本企業（とくに製造業）再生の可能性を探ってみなさい。また，そこに管理会計の果たす役割も考えてみなさい。

**6-3** シカゴ大学で『管理会計』コースが開設されたのは1919年であった。その後の学問的発展をみるとき，ジョンソンとキャプランが指摘した「管理会計は1925年代以降発展していない」という主張を，どのように理解したらよいだろう。

## 練習問題解答と解説

**2-1**

|  | 不 況 | 正 常 | 好 況 |
|---|---|---|---|
| ①のケース | 5% | 10% | 20% |
| ②のケース | 2% | 12% | 32% |
| ③のケース | -4% | 16% | 56% |

【解説】
1. 資金調達の方法は異なるが，総資本（総資産）はすべて同額の3ケースの比較である。
2. 表において，(1)の数値はどのケースでも同じになる。①のケースは次のようになる（②と③は各自計算されたい）。

|  | 不 況 | 正 常 | 好 況 |
|---|---|---|---|
| (1) 支払利子控除前経常利益 | 5 | 10 | 20 |
| (2) 支払利子 | 0 | 0 | 0 |
| (3) 経常利益 | 5 | 10 | 20 |
| (4) 自己資本経常利益率 | 5% | 10% | 20% |

3. ③のケースのように多額の負債がある場合，好況のときは株主に有利であるが（真正総資本経常利益率を上回る自己資本経常利益率が得られる），不況のときは逆に不利になる（真正総資本経常利益率より低い自己資本経常利益率しか得られない）ことがわかる。
4. 3ケースをグラフに表せば，他人資本利子率の8％を支点にして「てこ（レバレッジ）の原理」が働いていることが理解できよう。負債（他人資本）の導入によって自己資本経常利益率を「てこ入れ」し，真正総資本経常利益率よりも高く押し上げることができる（総資本に占める他人資本の割合をレバレッジ係数と呼ぶことがある）。

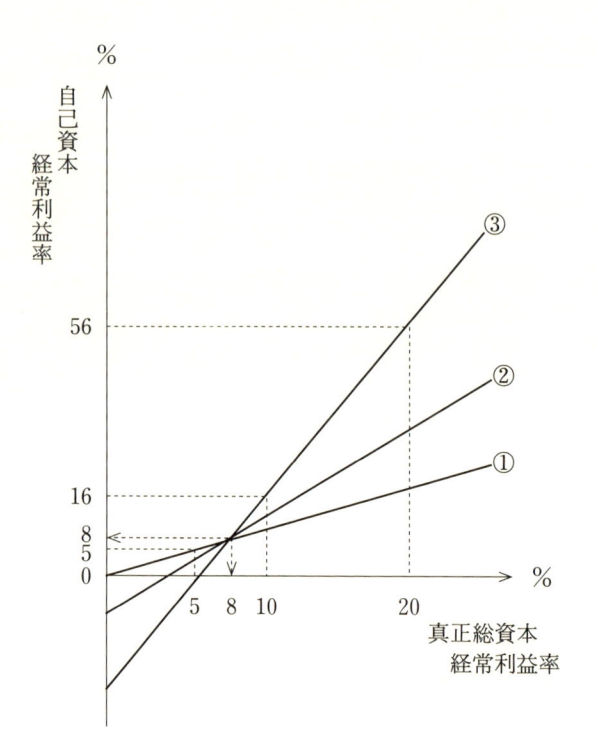

```
               %
            ↑
   自       │
   己       │
   資       │
   本       │                              ③
   経       │
   常       │
   利       │
   益       │
   率       │
            │
         56 ┤- - - - - - - - - - - ┐
            │                      ┊      ②
            │                      ┊
            │                      ┊
            │                      ┊
         16 ┤- - - - - -┐          ┊      ①
          8 ┤- - -┐     ┊          ┊
          5 ┤  ↓  ┊     ┊          ┊
          0 ┼──┬──┬─────┬──────────┬──→  %
               5  8    10         20
                              真正総資本
                              経常利益率
```

**2-2**　省略

**3-1**

|  | $H_1$ | $H_2$ | $H_3$ | $H_4$ |
|---|---|---|---|---|
| 正味現在価値 | 309万円 | 127万円 | 531万円 | 262万円 |
| 内部利益率 | 10% | 8% | 14% | 10% |

**3-2**　約122万円

**3-3**　20%

**3-4**　内部利益率＝12%　　　正味現在価値＝549,600円

**3-5**　約55万円

**3-6**　他の顧客に＠70円で販売可能であれば，この注文を引き受けると24,000円の利益増加が見込まれるので，引き受けるべきである。

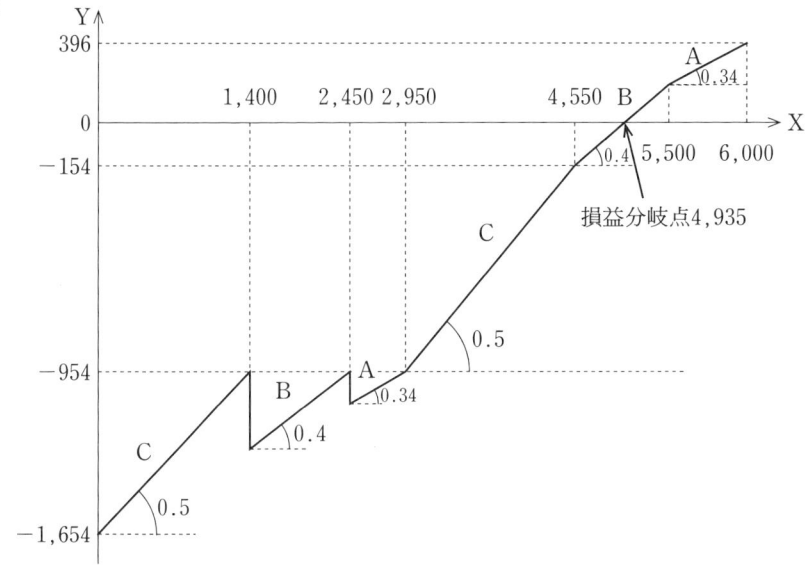

4-1

[グラフ: 縦軸Y、横軸X。点(-1,654), (1,400), (-954), (2,450), (2,950), (-954), (4,550), (0), (5,500), (6,000), (396)などが示される。傾き0.5, 0.4, 0.34のC, B, Aの線分。損益分岐点4,935]

【解説】
1. 個別固定費の回収
    Cの個別固定費を回収するために必要なCの売上高
        ＝700／0.5＝1,400 百万円
    Bの個別固定費を回収するために必要なBの売上高
        ＝420／0.4＝1,050 百万円
    Aの個別固定費を回収するために必要なAの売上高
        ＝170／0.34＝500 百万円
2. 共通固定費は954百万円である。まず，Cの残りの1,600百万円の売上げで回収し，残りをBの販売で回収すればよい。
    Cの残りの売上げで回収可能な共通固定費
        ＝(3,000−1,400)×0.5＝800 百万円
    残りの共通固定費を回収するために必要なBの売上高
        $$\frac{954-800}{0.4}=385 \text{ 百万円}$$
3. 損益分岐点における売上高＝1,400＋1,050＋500＋1,600＋385＝4,935百万円
    このとき，Aの売上高は500百万円，Bの売上高は1,435百万円，Cの売上高は3,000百万円である。

**4-2** (1) 15,000 千円　　(2) 22,500 千円　　(3) 20,000 千円

【解説】

(1) $\dfrac{7,500+1,500}{1-8,000/20,000}=15,000$ 千円

(2) $\dfrac{7,500+1,500+4,500}{1-8,000/20,000}=22,500$ 千円

(3) $\dfrac{7,500+1,500}{1-(8,000/20,000+0.15)}=20,000$ 千円

**4-3**　変動費率＝4,500 円／時間　　　固定費＝－40,000 円

【解説】

1. データを用いて，次の正規方程式を解けばよい。

　　　　$2240 = 560a + 7b$　………①
　　　　$191800 = 47600a + 560b$　………②

2. $b$ は，回帰方程式の単なる Y 切片にすぎないことに注意すべきである。正常操業圏以外の操業度ゼロにおける"固定費"だからである。全く作業しないときに利益が出ることを意味しているわけではない。ちなみに，決定係数（$\gamma^2$）を計算してみても，次のように"高い信頼度"がある。

$M_Y = 2240 \div 7 = 320$

$\Sigma(Y_i - Y)^2 = (195\text{-}185)^2 + (230\text{-}230)^2 + (270\text{-}275)^2 + (310\text{-}320)^2$
$\qquad\qquad\qquad + (360\text{-}365)^2 + (410\text{-}410)^2 + (465\text{-}455)^2 = 350$

$\Sigma(Y_i - M_Y)^2 = (195\text{-}320)^2 + (230\text{-}320)^2 + (270\text{-}320)^2 + (310\text{-}320)^2$
$\qquad\qquad\qquad + (360\text{-}320)^2 + (410\text{-}320)^2 + (465\text{-}320)^2 = 57050$

⇒　$\gamma^2 = 1 - 350 \div 57050 = 99.4\%$

**4-4**　　Hepburn：52,500 単位　　　Brown：75,000 単位

【解説】　目的関数および制約式は以下のとおりである。

Max. $Z = 300 X_1 + 250 X_2$

S.T. $\dfrac{1}{14} X_1 + \dfrac{1}{12} X_2 \leq 10,000$

$\qquad \dfrac{1}{7} X_1 + \dfrac{1}{10} X_2 \leq 15,000$

$\qquad X_1 \leq 70,000$

$\qquad\qquad X_2 \leq 84,000$

$\qquad X_1 \geq 0 \quad X_2 \geq 0$

4-5

|  | 第1期 | 第2期 |
|---|---|---|
| 伝統的な原価計算方法 | 120,000 ドル | －160,000 ドル |
| 貢献利益的接近方法 | － 20,000 ドル | － 20,000 ドル |

【解説】

(1) 伝統的な原価計算方法

|  | 第1期 | 第2期 |
|---|---|---|
| 売上高 | 300,000 | 300,000 |
| 費 用 |  |  |
| 　売上原価 | 140,000 | 140,000 |
| 　配賦もれ製造原価 | — | 280,000 |
| 　一般管理費 | 40,000 | 40,000 |
| 営業利益 | 120,000 | △160,000 |

(2) 貢献利益的接近方法

|  | 第1期 | 第2期 |
|---|---|---|
| 売上高 | 300,000 | 300,000 |
| 変動費 | 0 | 0 |
| 限界利益 | 300,000 | 300,000 |
| 固定費 | 320,000 | 320,000 |
| 営業利益 | △20,000 | △20,000 |

5-1

消費量差異＝550,000円（貸方差異，有利差異）

消費価格差異＝430,000円（借方差異，不利差異）

作業時間差異＝216,000円（借方差異，不利差異）

賃　率　差　異＝ 74,000円（借方差異，不利差異）

能　率　差　異＝ 90,000円（借方差異，不利差異）

予　算　差　異＝ 40,000円（貸方差異，有利差異）

5-2

利益差異分析表

| | | | | |
|---|---|---|---|---|
| ① | 予算営業利益 | | | 2,500,000 円 |
| ② | 販売管理活動差異 | | | |
| | 販売価格差異 | 480,000 | | |
| | 販売量差異 | 400,000 | | |
| | 変動販売費差異 | 24,000 | | |
| | 固定販売費一般管理費差異 | 50,000 | | 954,000 円 |
| ③ | 製造活動差異 | | | |
| | 消費量差異 | 200,000 | | |
| | 消費価格差異 | 154,000 | | |
| | 作業時間差異 | 120,000 | | |
| | 賃率差異 | 62,000 | | |
| | 能率差異 | 80,000 | | |
| | 予算差異 | 124,000 | | 740,000 円 |
| ④ | 実際営業利益 | | | 806,000 円 |

【解説】

1. 販売一般管理活動の差異は次のように計算できる。

   販売価格差異＝（@100,000－@98,000）×240＝480,000 円（不利差異）
   販売量差異＝@40,000×(250－240)＝400,000 円（不利差異）
   変動販売費差異＝1,224,000－@5,000×240＝24,000 円（不利差異）
   固定販売費一般管理費差異＝3,050,000－3,000,000＝50,000 円（不利差異）

2. 製造活動の差異は，第2節の数値と同一である

3. 予算営業利益①に販売活動の差異②，製造活動の差異③を加えれば（不利差異ならば，計算上はマイナス），実際営業利益④が得られる。

## 参考文献一覧（本書で直接引用・参照した文献のみ）

**【和文文献】**

青木茂男監修・櫻井通晴訳著『A.A.A. 原価・管理会計基準』中央経済社，1975 年〔増補版，1981 年〕。

飯野利夫訳『アメリカ会計学会　基礎的会計理論』中央経済社，1969 年。

上野陽一訳編（F. W. テーラー著）『科学的管理法』産業能率大学出版部，1969 年。

岡野　浩著『日本的管理会計の展開――「原価企画」への歴史的視座』中央経済社，1995 年。

岡本　清著『米国標準原価計算発達史』白桃書房，1969 年。

岡本　清稿「管理会計の本質と体系」『會計』1973 年 2 月，pp. 25-38。

岡本　清編著『管理会計の基礎知識』中央経済社，1982 年。

岡本　清・宮本匡章・櫻井通晴編著『ハイテク会計――環境変化に対応した新会計システムの構築――』同文舘，1988 年。

岡本　清著『原価計算（六訂版）』国元書房，2000 年。

岡本　清・廣本敏郎・尾畑　裕・挽　文子著『管理会計（第 2 版）』中央経済社，2008 年。

佐々木道雄著『金利計算諸表（増補版）』東京大学出版会，1953 年。

佐藤精一著『管理会計入門』中央経済社，1986 年。

高松正昭・鳥居宏史・藤田晶子編著『複式簿記要論(第 2 版)』中央経済社，2009 年。

田中隆雄編著『フィールド・スタディ　現代の管理会計システム』中央経済社，1991 年。

津田博士著『予算管理論――環境適応と業績統合――』同文舘，1994 年。

鳥居宏史稿「事業部業績測定について」『一橋論叢』1979 年 12 月，pp. 126-134。

鳥居宏史稿「原価センターへの利益誘因提供の可能性」『産業経理』1988 年 4 月，pp. 62-69。

鳥居宏史稿「設備投資計算における DCF 法の再検討」『経済研究』（明治学院大学）1989 年 3 月，pp. 51-66。

鳥居宏史稿「企業の社会貢献活動の会計的把握」（岡本　清編著『ソフト・サービスの管理会計』中央経済社，1993 年，第 5 章）。

中村　忠著『新稿　現代会計学』白桃書房，1995年。
長谷川惠一稿「ABC論の高揚と日本における反応」『企業会計』1992年8月号，pp.48-54。
久武雅夫・佐藤信吉編著『経営数学小辞典』中央経済社，1970年。
廣本敏郎著『米国管理会計論発達史』森山書店，1993年。
門田安弘著『自動車企業のコスト・マネジメント：原価企画・原価改善・原価計算』同文舘，1991年。
吉川弘之監修・JCIP編『メイド・イン・ジャパン――日本製造業変革への指針――』ダイヤモンド社，1994年。
吉川武男，J.イネス，F.ミッチェル著『リストラ／リエンジニアリングのためのABCマネジメント』中央経済社，1994年。

【英文文献】

Brimson, J. A., *Activity Accounting――An Activity - Based Costing Approach* (John Wiley & Sons, 1991).

Chandler, A. D. Jr., *The Visible Hand : The Managerial Revolution in American Business* (The Belknap Press of Harvard University Press, 1977)〔鳥羽欣一郎・小林袈裟治訳『経営者の時代(上・下)』東洋経済新報社，1979年〕.

Chandler, A. D Jr., *Strategy and Structure : Chapters in the History of the American Industrial Enterprise* (The MIT Press, 1962)〔三菱経済研究所訳『経営戦略と組織――米国企業の事業部制成立史』実業之日本社，1967年〕.

Church, A. H., "The Proper Distribution of Establishement Charges," *The Engineering Magazine,* 1901〔Tsuji, A. and H. Sonoda comp. *Management & Management Accounting 1880 - 1920* (Yushodo Booksellers Ltd., 1975) pp.487-545〕.

Cooper, R. and R. S. Kaplan, "Measure Costs Right : Make the Right Decisions," *Harvard Business Review,* September-October 1988, pp.96-103.

Cooper, R. and R. S. Kaplan, "Profit Priorities from Activity-Based Accounting," *Harvard Business Review,* May-June 1991, pp. 130-135.

Dertouzous, M. L., R. K. Lester, R. M. Solow and The MIT Commission on Industrial Productivity, *Made in America : Regaining the Productive*

*Edge*（Harper Perenial, 1989）〔依田直也訳『Made in America——アメリカ再生のための米日欧産業比較』草思社，1990 年〕.

Drebin, A. R. and H. Bierman, Jr., *Managerial Accounting : An Introduction*（Toppan Company Limited, 3 rd ed., 1978）.

Drucker, P., "Management for Business Effectiveness," *Harvard Business Review,* May-June 1963, pp. 54-58.

Hiromoto, T., "Another Hidden Edge: Japanese Management Accounting," *Harvard Business Review,* July-August 1988, pp. 22-25.

Hiromoto, T., "Restoring the Relevance of Management Accounting," *Journal of Management Acoounting Research,* Fall 1991, pp. 1-15.

Horngren, C. T., G. L. Sundem and W. O. Stratton, *Introduction to Management Accounting*（Prentice-Hall, Inc., 12th ed., 2002）〔渡邊俊輔監訳『マネジメント・アカウンティング第 2 版』TAC 出版，2004〕.

Horngren, C. T., G. L. Sundem, W. O. Stratton, D. Burgstahler and J. Schatzberg, *Introduction to Management Accounting*（Pearson Prentice Hall, 14th ed., 2008）.

Johnson, T. H. and R. S. Kaplan, *Relevance Lost : The Rise and Fall of Management Accounting*（Harvard Business School Press, 1987）〔鳥居宏史訳『レレバンス・ロスト——管理会計の盛衰——』白桃書房，1992 年〕.

Johnson, T. H., *Relevance Regained : From Top Down Control to Bottom Up Empowerment*（The Free Press, 1922）〔辻厚生・河田信訳『米国製造業の復活——「トップダウン・コントロール」から「ボトムアップ・エンパワメント」へ——』中央経済社，1994 年〕.

Kaplan, R. and D. P. Norton, "The Balanced Scorecard——Measures That Drive Performance," *Harvard Business Review,* January-February 1992, pp. 71-79.

Kaplan, R. and D. P. Norton, "Putting the Balanced Scorecard to Work," *Harvard Business Review,* September-October 1993, pp. 134-147.

Kaplan, R. and D. P. Norton, "Using the Balanced Scorecard at a Strategic Management System," *Harvard Business Review,* January‐February 1996, pp. 75-85.

Marple, R. P., "Try This on Your Class, Professor," *The Accounting Review,* July

1956, pp. 492-497.

McFarland, W. B., Concepts for *Management Accounting* (National Association of Accounting, 1966).

Miller, E. L., *Responsibility Accounting and Performance Evaluations* (Van Nostrand Reinhold Company, 1982).

Monden, Y. and K. Hamada, "Target Costing and Kaizen Costing in Japanese Automobile Companies," *Journal of Management Acoounting Research*, Fall 1991, pp. 16-34.

Sakurai, M., "Target Costing and How to Use it," *Journal of Cost Management*, Summer 1989, pp. 39-50.

Solomons, D., *Divisional Performance : Measurement and Control* (Richard D. Irwin, Inc., 1965) 〔櫻井通晴・鳥居宏史監訳『事業部制の業績評価』東洋経済新報社, 2005年〕.

Tanaka, T., "Target Costing at Toyota," *Journal of Cost Management*, Spring 1993, pp.4-11.

## あとがき（ひとりごと）

　1997年，不倫をテーマにした『失楽園』がヒットした。もちろん，この小説は，かのミルトン著『失楽園（パラダイス・ロスト）』とは異なる。しかし，『レレバンス・ロスト』の翻訳者である私としては，やや複雑な気持ちでいる。

　「現在の管理会計情報は適合性（レレバンス）を喪失している」という批判に対して，管理会計システムを適切に再構築したいというのは，管理会計研究者の共通課題であろう。私もそのひとりである，あるいはひとりでありたいと願っている。本書がこのテーマの内容として不十分であることは承知している。にもかかわらず，本書を刊行した私的理由（弁解？）を追記しておこう。

　まず第1は，「はじめに」にも記述したように，私自身の10余年にわたる講義内容の整理の必要性である。毎年更新したノートがたまってきていた。1993年度から3年間，産業経済研究所主任，商学科主任を委嘱され，不器用な私が，この学務活動に集中した。肉体的・精神的な疲労のなかで，研究活動は諦めざるを得なかったが，教育活動は一定の水準を保ったつもりでいる。

　第2は，学生諸君らによるアドバイス（不満？）である。配布したレジュメと指定した教科書ギャップが存在し，「先生自身はどう考えているのか？」といった質問や，「定期試験の準備ができない」といった批判を受けた。これらに応えるため，レジュメに肉付けし文章化した結果が本書といってよい。ただし，これで学生諸君の不満が解消するか否かは，定かでない。

　第3に，明治学院大学経済学部経営学科（1996年度より商学科から名称変更）でのカリキュラム改革である。『管理会計論』の講義がこれまでの3年生以上から，2年生を対象とした科目に変更になった。初級の簿記の知識のみしかない学生向けの『管理会計論』が必要になり，そのためのテキストが必要になった。

　本書の直接の対象は，明治学院大学の学生であるが，想定される読者層はもっと広い。多くの読者により，御叱正を賜れば幸いである。本書がレレバンス・ロストの代表的な書物であると批判されるならば，甘受せざるを得ない。

筆　者

# 和文索引

## あ
安全率……77

## い
一般会計……4

## う
売上高利益率……30
運転資本……38

## え
営業量……102

## か
会計情報……11
会計責任……141
回収期間法……61
回転率……37
科学的管理法……115
貸方差異……116
活動ドライバー……143
株主資本比率……33
株主資本利益率……28
借方差異……116
カンパニー制……128, 158
管理会計……1
管理可能性……128
関連費用……44

## き
期間計画……12
期間統制……12
企業……10
企業会計……2
業績測定予算……126
業務執行的意思決定……61
業務予算……90
銀行家比率……38

## け
経営外資本利益率……29
経営管理……12
経営経済性係数……38
経営資本利益率……29
計画……12
継続的予算……127
決定係数……104
限界利益……74
限界利益率……76
原価会計……4
原価改善……146
原価企画……145
現価計算……50
現価係数……50
原価センター……113
原価態様……84
原価標準……94

## こ
貢献利益……88
高低点法……86
購入価格差異……129
固定費……84

固定費調整……………………89
固定費率………………………129
固定比率………………………33
固定予算………………………96
個別計画………………………12
個別統制………………………12
コントローラー………………18
コンピュータによる統合生産
　　システム……………………149

### さ

最小自乗法……………………86
財務会計………………………2
財務諸表………………………24
財務予算………………………90
差額分析………………………44
作業時間差異…………………119
酸性試験比率…………………39

### し

事業部制組織…………………147
資金……………………………38
資金運用表……………………38
資金計画………………………100
資金計算書……………………100
資金収支表……………………100
資源ドライバー………………143
自己資本比率…………………33
自己資本利益率………………27
実績記録情報…………………11
CVP分析………………………72
資本回転率……………………30
資本コスト……………………52
資本負債比率…………………39
資本予算………………………52
資本利益率……………………27
社会貢献会計…………………156

ジャストインタイム…………149
収益センター…………………113
終価計算………………………50
準固定費………………………85
準変動費………………………84
消費価格差異…………………117
消費量差異……………………117
正味キャッシュ・フロー法…55
正味現在価値法………………54
職能部門別組織………………147
真正総資本利益率……………28

### す

スキャッター・チャート法…103
スタッフ部門…………………18

### せ

正規方程式……………………86
正常操業圏……………………85
製造原価報告書(製造原価明細書)……26
責任会計………………………112
線型計画法……………………80
全社的品質管理………………149
戦略的意思決定………………52

### そ

操業度差異……………………129
総合予算………………………90
総資産利益率…………………28
総資本利益率…………………27
組織化職能……………………21,149
損益計算書……………………24
損益分岐点……………………74
損益分岐点比率………………77
損益分岐分析…………………74
損益予算………………………90

## 和文索引

### た

| | |
|---|---|
| 大綱的利益計画 | 72 |
| 貸借対照表 | 24 |
| 代替案 | 44 |
| 代表職能 | 22, 141 |
| 多段階限界利益図 | 77 |
| タックス・シールズ | 54 |
| 単純投資利益 | 57 |

### ち

| | |
|---|---|
| 注意喚起情報 | 11 |
| 注文獲得費 | 99 |
| 注文履行費 | 99 |
| 長期資本適合率 | 34 |
| 直接原価計算 | 88 |
| 直接原価計算論争 | 89 |
| 直接標準原価計算 | 125 |
| 賃率差異 | 120 |

### て

| | |
|---|---|
| てこの原理 | 161 |
| DCF法 | 52 |

### と

| | |
|---|---|
| 当座比率 | 33 |
| 投資センター | 113 |
| 投資利益率 | 27 |
| 統制 | 12 |
| 統制可能性 | 113 |
| トップダウン予算 | 91 |
| トレジャラー | 18 |

### な

| | |
|---|---|
| 内部利益率法 | 57 |

### ね

| | |
|---|---|
| 年金 | 50 |
| 年金現価係数 | 51 |

### の

| | |
|---|---|
| 能率差異 | 122 |

### は

| | |
|---|---|
| 配当性向 | 31 |
| バランスト・スコアーカード | 141 |
| 販売価格差異 | 126 |
| 販売量差異 | 126 |

### ひ

| | |
|---|---|
| 費目別精査法 | 103 |
| 標準原価計算 | 115 |
| 費用センター | 113 |

### ふ

| | |
|---|---|
| フィールド・スタディ | 142 |
| 付加価値 | 142 |
| 複利法 | 50, 64 |
| 負債比率 | 33 |
| 不利差異 | 116 |

### へ

| | |
|---|---|
| 平均限界利益図 | 77 |
| 変動費 | 84 |
| 変動費率 | 122 |
| 変動予算 | 96 |

### ほ

| | |
|---|---|
| 補間法 | 65 |
| ボトムアップ予算 | 91 |

## む
無関連費用……………………44

## も
問題解決情報…………………11

## ゆ
有利差異………………………116

## よ
予算……………………………89
予算委員会……………………91
予算差異………………………122
予算編成………………………89
予想遊休能力差異……………132

## ら
ライン部門……………………18

## り
利益センター…………………113
流動比率………………………32

## れ
レバレッジ係数………………161

## ろ
ロジスティックス……………105

## わ
割引計算………………………50

# 英 文 索 引

## A

ABC ·················································142
ABM ·················································157
acid test ratio ·································39
activity based costing ················142
activity based management········157
attention-directing ························11

## B

balance sheet ································24
balanced scorecard ····················141
banker's ratio ································38
break-even analysis ····················74
budget ·············································89
budget committee ·························91
budgeting ·······································89

## C

capital budgeting ·························52
cash payback method ················61
CIM ·················································150
Computer Integrated
  Manufacturing ·························150
continuous budget ······················127
controller/comptroller ···················18
cost accounting······························4
cost behavior ·································84
cost center ···································113
cost improvement·························146
cost planning ·······························145
cost-volume-profit analysis ········72

## D

direct costing ································88
direct standard costing ···············125
discounted cash flow method ········52

## E

expense center ···························113

## F

financial accounting ·······················2
financial budget ····························90
financial statements ·····················24
fixed budget····································96
flexible budget ······························96
fund ·················································38

## G

general accounting ························4

## I

income statement ·························24
internal rate of return ···················57
investment center ·······················113
IR ···············································18, 22
IRR····················································57
irrelevant costs ······························44

## J

JIT ··················································149

## K

kaizen costing .................. 146

## L

linear programming ............ 80
logistics costs .................... 99
LP ................................... 80

## M

M&A ........................... 128, 149
managerial accounting/
  management accounting ...... 1
master budget .................... 90
method of least squres ......... 86

## N

net present value ................ 54
normal range of activity ....... 85
NPV ................................. 54

## O

operating budget ................ 90
operating decision .............. 61
order filling costs ............... 99
order-getting costs .............. 99

## P

PBR ................................. 38
PER ................................. 38
performance budget ........... 126
period control .................... 12
period planning .................. 12
price book value ratio ......... 38
price earning ratio .............. 38
problem-solving ................. 11
profit and loss statement ..... 24
profit center .................... 113

project control .................. 12
project planning ................ 12

## R

relevant costs .................... 44
relevant range ................... 85
responsibility accounting .... 112
return on equity ................ 28
return on investment .......... 27
return on total assets ......... 27
return on total capital ....... 27
revenue center ................. 113
ROA ................................ 27
ROE ................................ 28
ROI ........................... 27, 138
rolling budget .................. 127

## S

score-keeping ................... 11
static budget .................... 96
strategic capacity decision ... 52

## T

target costing .................. 145
tax shield ......................... 54
Total Quality Control ........ 149
TQC ............................... 149
treasurer ......................... 18
two to one rule ................. 39

## V

variable budget ................. 96
variable costing ................. 88
volume .......................... 102

## W

working capital ................. 38

《著者紹介》

鳥居　宏史（とりい　ひろし）

1953年　愛知県に生まれる
1977年　横浜国立大学経営学部卒業
1979年　一橋大学大学院商学研究科修士課程修了
1982年　同大学院商学研究科博士課程単位取得
　　　　明治学院大学経済学部助手，専任講師，助教授を経て
1992年　同教授となり，現在に至る
1989年9月～1991年3月　イリノイ大学客員研究員
2002年7月～2003年1月　アデレード大学客員研究員

〔主要論文〕
「日本企業の伝統的管理会計情報利用に関する分析」『原価計算研究』1999年3月。
「外資系企業のオーストラリア市場への対応」『研究所年報』（明治学院大学産業経済研究所）2004年12月（共同執筆）。
「日本における事業部制会計の発展に関する一考察」『経済研究』（明治学院大学）2007年2月。

〔翻　訳〕
『レレバンス・ロスト――管理会計の盛衰――』白桃書房，1992年。
『事業部制の業績評価』東洋経済新報社，2005年（共監訳）。

## 入門管理会計（第2版）

1998年4月15日　第1版第1刷発行
2006年3月10日　第1版第9刷発行
2011年2月20日　第2版第1刷発行

　　　　　　　　　　　　　　　著　者　鳥　居　宏　史
　　　　　　　　　　　　　　　発行者　山　本　憲　央
　　　　　　　　　　　　　　　発行所　㈱中　央　経　済　社

　　　　　　　　　　　〒101-0051　東京都千代田区神田神保町1-31-2
　　　　　　　　　　　　　　　　電　話　03（3293）3371（編集部）
　　　　　　　　　　　　　　　　　　　　03（3293）3381（営業部）
　　　　　　　　　　　　　　　　http://www.chuokeizai.co.jp/
　　　　　　　　　　　　　　　　振替口座　00100-8-8432
© 2011　　　　　　　　　　　　　印刷／㈱堀内印刷所
Printed in Japan　　　　　　　　　製本／関川製本㈱

＊頁の「欠落」や「順序違い」などがありましたらお取り替え
　たしますので小社営業部までご送付ください。（送料小社負担）
　　　　　　ISBN978-4-502-23880-2　C3034

JCOPY〈出版者著作権管理機構委託出版物〉本書を無断で複写複製（コピー）することは，著作権法上の例外を除き，禁じられています。本書をコピーされる場合は事前に出版者著作権管理機構（JCOPY）の許諾を受けてください。
JCOPY〈http://www.jcopy.or.jp　eメール：info@jcopy.or.jp　電話：03-3513-6969〉

≪歴史的大変革の会計学を網羅≫

# 会計学大辞典

## 第五版

【編集代表】

安藤英義・新田忠誓・伊藤邦雄・廣本敏郎

見やすく引きやすい全ページ2色刷

会社法創設，国際的統一に向かう会計基準を踏まえ，10年にわたる大改革をへた制度的会計の全容を収録。
会計を支える諸理論，進展著しい管理会計や会計情報システム，非営利会計，税務会計に至るまで，会計学と関係領域15分野から4,337項目を選定し，第一級の研究者・実務家307名が執筆。会計の現段階をこの1冊に凝縮した研究・実務・学習に必備の大辞典

A5判・上製函入・1,540頁
定価23,100円（税込）

中央経済社